海外ドラマのベスト100英単語でどんどん話せる!

Cozy

西東社

はじめに

「英語は学校やTOEICで勉強してきたのに、全然話せない……」
本書はそんなあなたに向けて、学校では教えてもらえない、
「英会話するための魔法」をお教えするものです。
僕自身は、英語ネイティブでもなければ英語の専門家でもなく、ごく普通の日本人です。
数年前、仕事の関係でアメリカに２年間滞在することになり、「アメリカに住めば、きっと英語ペラペラになれるやろな～」と期待に胸をふくらませて渡米したのですが……１年経っても、全く話せるようにならないどころか、簡単な会話すら聞き取れなかったのです。

▶ 海外ドラマはたった350の単語でできている

果てしなく広がるコーン畑。リスが走り回る田舎街。
想像していたのとあまりにも違いすぎるアメリカ生活に疲れ果てていたある日のことです。
「日常で使える英会話が学べるよ！」と、友達のデブリーナが教えてくれたのが『SEX and the CITY（SATC)』というドラマでした。
まさか、アメリカでアメドラを見てアメリカ気分を味わうことになるとは……と、英語字幕をつけてそのドラマを見ていたとき。
僕はあることに気づきました。

「これ……**中１で習う単語ばっかりやないかい!!!!**」

そうなのです。音声は速すぎて全く聞き取れないのですが、英語字幕を見ると、ものすごく簡単な単語ばかりだったのです。

「いや、そんなはずないやろ？」
……と僕はドラマに出てくる全セリフの単語を調べました。その結果がこちらです。
使われている単語数は12,088個。45時間に渡る全6シーズンでは、さすがにTOEICで必要とされる10,000個を超えていました。

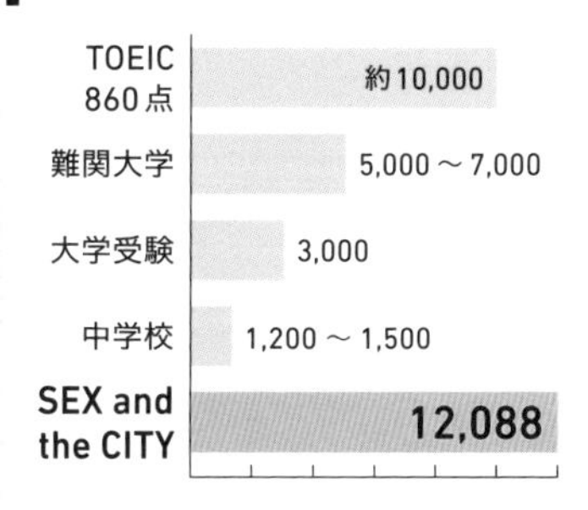

しかし、12,088個の単語それぞれの登場回数を調べてみると……
「なんやと!?　49個の単語が全セリフの半分を作ってる!!?……全セリフの約80%を構成する単語の数は……」

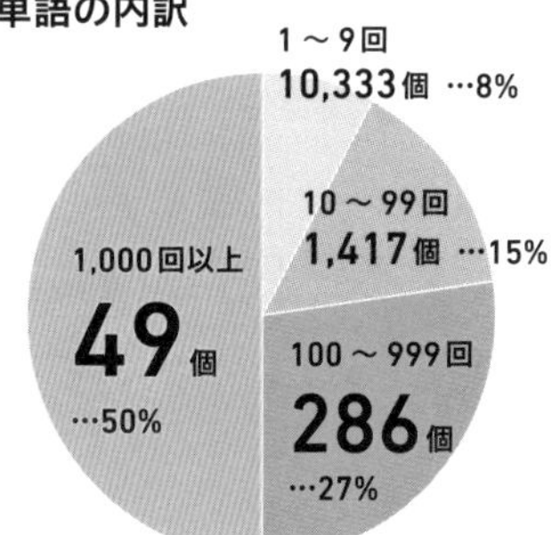

350個。

なんということでしょう。ドラマでは、中学校で習うやさしい350個の英単語が全セリフの80%を占め、何百回、何千回と使われているという、衝撃的すぎる事実が明らかになったのです。
それまでの自分は「英会話するために、もっと単語を覚えないとあかん！」と思っていたのですが、実はそうではなかったのです。

【やさしい単語を使いこなすこと】——これこそが英会話するために必要であることを、アメリカのド田舎で発見したのです。

同じように英会話に苦しんでいる方にも知らせるべきやと思った僕は、ブログを立ち上げ、発信していきました。

さらに、ブログをまとめた書籍『海外ドラマはたった350の単語でできている』を出版し、大きな反響をいただきました。

▶ やさしい単語は……実はやさしくない!?

「やさしい単語だけでいいのなら、いける気がする!!」

希望を持った僕は、毎日、海外ドラマを見まくっていたのですが…

どうしても1つ気になることがありました。それがこちらです。

実際にドラマで使われていたセリフ

- **It was good running into you today.**
- **I could have had you if I wanted you.**
- **I don't know how you put up with it.**
- **I'm sorry I went out with him when I knew you liked him.**
- **They don't know we know they know we know.**

「…単語はやさしいのに……

全然やさしくないんですけど!!??(泣)」

ほぼ中学1年で習う単語ばかり。しかし…やさしい単語で作られた日常会話は、思ったほど単純ではなかったのです。

もう一度上の文章を見てください。

なぜ単語はやさしいのに、難しく感じてしまうのか？

キーになるのは、次の３点。

１つめは、run into、put up with、go out withのような動詞と前置詞の組み合わせの**「句動詞」**。

２つめは、They don't know we know they know we knowのように主語がいっぱいある**「複文」**。

３つめは、I could have had youのような**「助動詞」**。

①句動詞　②複文　③助動詞……実はこの３つが**「日常会話」**らしいセリフの最大の特徴なのです。

2019年、僕は海外ドラマに出てくる英単語の使い方をランキング形式で紹介し、この３つのポイントを詳しく解説した書籍『100語で伝わる 魔法の英単語ランキング』を出版しました。

大変ご好評をいただき、英語学習に本当に役立つ画期的な本になったという自負もあるのですが、僕には１つだけ心残りがあったのです。

それは……例文に音声を付けられなかったこと。

本書は、『魔法の英単語ランキング』をリニューアルし、海外ドラマのセリフから厳選した400超の例文に音声を付けたものです。

さらに、効果的に発音練習ができるようにフレーズを繰り返しループ再生させたCozy式“ループ音声”も付いています。

ぜひ、一緒に口を動かして発音しながら、基本単語を攻略してみてください！

Cozy

海外ドラマのベスト100英単語でどんどん話せる！

CONTENTS

フレーズ音声

パソコン等で下記のURLにアクセスし、ダウンロードしてご利用ください。

https://www.seitosha.co.jp/best100wards.html

＊ダウンロードできるのは圧縮されたファイルです。ダウンロード後に解凍してご利用ください。　＊音声ファイルはMP3形式です。Windows Media PlayerやiTunes等の再生ソフトを使って再生してください。　＊ご使用の機器やインターネット環境等によっては、ダウンロードや再生ができない場合があります。　＊本音声データは、一般家庭での私的利用に限って頒布するものです。法律で認められた場合を除き、無断で本音声データを改変、複製、放送、配信、転売することは禁じられています。　＊予告なく配布を中止する場合があります。

この本の使い方 ④ STEP

STEP ① 基本単語のコアイメージ

海外ドラマに登場しまくる約100個の単語を、品詞ごとに「出る順」にランキング化しています。それぞれの基本単語がもつ本当の意味**【コアイメージ】をイラストで解説**していますので、まずは単語がもつ意味への理解を深めてください。

STEP ② 連結ランキング

それぞれの単語が**【どの単語と相性がよいのか？】**。単語の連結パターンを分析し、まとめました。意味はドラマで使われている代表的なものを示しています。

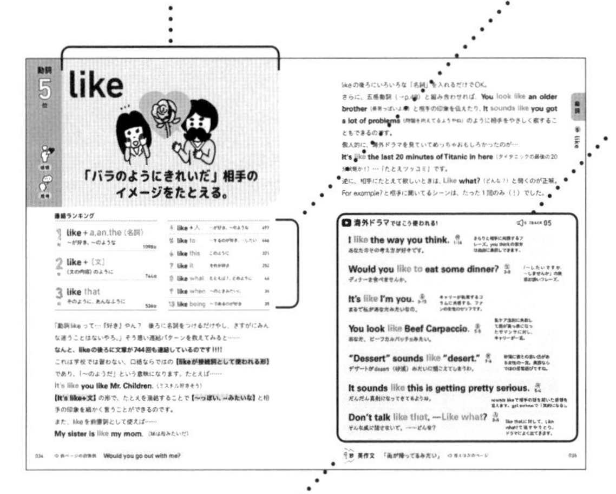

動詞 5位

like

「バラのようにきれいだ」相手のイメージをたとえる。

連結ランキング

1 like + a,an,the（名詞） ～が好き、～のような 1098回

2 like + ［文］ （文の内容）のように 744回

3 like that そのように、あんなふうに 536回

like + 人 477

like to 446

like this このように

like it それが好き

like what

like when

like being

「動詞likeって…『好き』やん？ 後ろに名詞をつけるだけやし、さすがにみんな迷うことはないやろ。」そう思い連結パターンを数えてみると……

なんと、likeの後ろに文章が744回も連結しているのです!!!!

これは学校では習わない、口語ならではの【likeが接続詞として使われる形】であり、「～のようだ」という意味になります。たとえば……

It's like you like Mr. Children.（ミスチル好きそう）

【It's like+文】の形で、たとえを連結することで【～っぽい、～みたいな】と相手の印象を細かく言うことができるのです。

また、likeを前置詞として使えば……

My sister is like my mom.（妹は母みたいだ）

034 Would you go out with me?

likeの後ろにいろいろな「名詞」を入れるだけでOK。

さらに、五感動詞（→p.48）と組み合わせれば、You look like an older brother と相手の印象を伝えたり、It sounds like you got a lot of problems のように相手をやさしく察することもできるのです。

個人的に、海外ドラマを見ていてめっちゃおもしろかったのが…

It's like the last 20 minutes of Titanic in here …「たとえツッコミ」です。

逆に、相手にたとえて欲しいときは、Like what?（どんな？）と聞くのが正解。

For example? と相手に聞いてるシーンは、たった1回のみ（！）でした。

海外ドラマではこう使われる! TRACK 05

I like the way you think. あなたのその考え方が好きです。

Would you like to eat some dinner? ディナーを食べませんか。

It's like I'm you. まるで私があなたみたいなの。

You look like Beef Carpaccio. あなた、ビーフカルパッチョみたい。

"Dessert" sounds like "desert." デザートがdesert（砂漠）みたいに聞こえてしまうわ。

It sounds like this is getting pretty serious. だんだん真剣になってきてるようね。

Don't talk like that. —Like what? そんな風に話さないで。――どんな？

1秒英作文 「雨が降ってるみたい」

035

STEP ③ 本物のセリフを味わう

ドラマでその単語が使われている**具体的なフレーズ**を紹介します。音声は8ページからダウンロードできます。出典も記載しているので、気になったフレーズは、ドラマで実際のシーンをチェックしてみてください。

出典の見方

Ⓕ2-3 … FRIENDS シーズン2 エピソード3
F…FRIENDS
S…SEX and the CITY
H…How I Met Your Mother

STEP ④ １秒英作文

そのページで解説した単語を使う英作文の練習問題です。日本語→英語の変換をとにかくすばやく、１秒を目標にチャレンジしてみましょう！

●単語の登場回数は、品詞ごとに分けてカウントしていません。2つ以上の品詞に属する単語は合計の回数を示しています。●動詞は過去形、進行形、過去分詞など全てを含めてカウントしています。●海外ドラマの例文は、字幕データを解析しているため、実際のセリフと異なる場合があります。また、説明しやすいように、改変を加えている場合があります。●連結ランキングの「人」は、目的格代名詞（me、you、him、her、us、them）をカウントしています。●連結ランキングの［文］は、主格代名詞（I、you、he、she、we、they）をカウントしています。

フレーズ音声で練習！

Cozy式ループトレーニング

ネイティブの発音やリズムを効果的に練習できるように、２種のフレーズ音声を用意しました。
● **ループ音声**：各フレーズがスロースピード（5回）→ノーマルスピード（5回）と繰り返されます。
● **リプロダクション音声**：ネイティブの音声に続いて発音できるように空白を設けています。

ループトレーニングの方法

❶「ループ音声」を再生し、書籍を見ながら同時に発音できるようになるまで繰り返す。
❷ 書籍を見ないで「ループ音声」を聞きながら同時に発音できるまで練習。
❸「リプロダクション音声」を使用し、ネイティブの発音に続いて発音する。

口から自然にフレーズが出るようになるまで、１フレーズ100回を目標に練習してみてください！

PART 1

本当に使える動詞ランキング

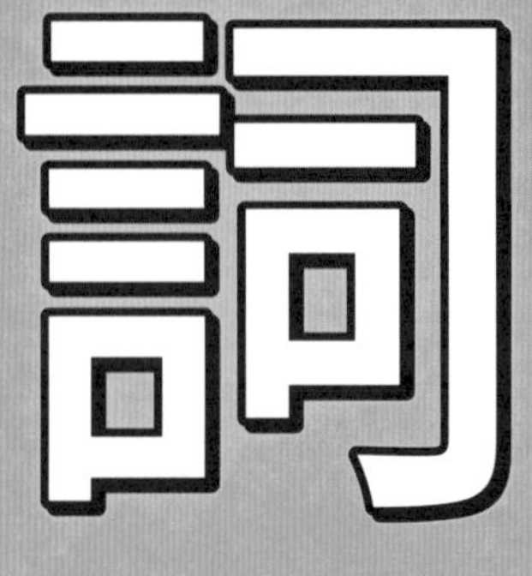

I have everything.

get

12776回

2

have

16404回

1

know

11197回

3

④	go	10257回
⑤	like	7289回
⑥	think	6922回
⑦	want	6045回
⑧	say	5614回
⑨	see	5067回
⑩	come	5056回
11	look	4978回
12	tell	3974回
13	make	3936回
14	love	3287回
15	mean	3252回
16	take	3129回
17	let	3124回
18	thank	2728回
19	talk	2569回
20	call	2522回
21	need	2416回
22	wait	2391回
23	give	2293回
24	work	2140回
25	feel	1961回
26	happen	1744回
27	leave	1708回
28	try	1589回
29	meet	1515回
30	find	1449回
31	believe	1400回
32	stop	1388回
33	put	1238回
34	start	1228回
35	ask	1223回
36	play	1213回
37	hear	1183回
38	live	1160回
39	keep	1145回
40	use	1099回
41	help	1056回
42	break	1043回
43	drink	1028回
44	guess	1011回
45	listen	983回
46	remember	967回
47	show	884回
48	sleep	849回
49	turn	796回
50	watch	783回
51	miss	775回
52	stay	743回
53	care	718回
54	hate	715回
55	run	688回
56	check	649回
57	hang	567回
58	throw	505回
59	suppose	503回
60	fall	482回

INTRODUCTION

たった50個の動詞があれば、何でも言える。

「SV、SVC、SVO、SVOO、SVOC」

これ、なつかしの5文型ですね。ここで、1つ気づくのは……【英語の全ての文には必ず動詞(V)が含まれる】ということ。

しかも、日本語とは違い、主語の直後に動詞がくるので、動詞がパッと言えなければ何も話せなくなってしまうのです。

というわけで、英会話で最初に身につけるべきなのも**【動詞】**です！

「…でも動詞いっぱいありすぎて、覚えるの大変なんよな～」

そう思われたあなたに、断言します。

この本で紹介する50個の動詞を使いこなせるようになれば、

日常会話の99％以上のことは言えます。

「いやいや、そんなことあるわけないやろ…」

と思われるかもですが、海外ドラマを分析してみると……たった**50個ほどの動詞が何千回と使われまくっている**ことが明らかになったのです。

しかも、その単語が……

have、get、know、go、like、think、want、say、see、come…

中学校の最初に習う、誰もが知っている簡単なものばかり。

そして、ドラマをさらに分析した結果……goやgetのような**「基本動詞」**には、日常会話を自由に操れる「魔法」が存在することを発見したのです。

抽象度の高い基本動詞とは、米のような存在？

goやgetがもつ魔法とは一体なんなのか？

結論から言うと――ズバリ、**【抽象度が高い】**んです。

「go＝行く」、「get＝手に入れる」…ではなく、goやgetはもっとあいまいで大きな意味を持っていて、「その中の１つとして、『行く』や『手に入れる』の意味でも使えるよね〜」ということなのです。

抽象度が高いとは、原料に近いイメージ。**食べ物にたとえるなら、「米」。**

米はシンプルで味も薄いので、白ご飯では物足りないですよね。

しかし、卵で炒めればチャーハンができるし、醤油とダシで炊き込みご飯もできる。リゾットからパエリアまで、世界を代表する料理にもなります。

そして、getやgoも白いご飯のような存在。そのままだと個性がなさすぎて、ぼんやりとしか意味がわかりません。……しかしなのです！

getをoffで煮込むとsleep（眠る）、leave（出発する）、finish（終える）ができ、getをonで炒めるとride（乗る）、climb（登る）、succeed（成功する）になる。goもgo on（続く）、go out（付き合う）、go away（去る）と変化するのです。

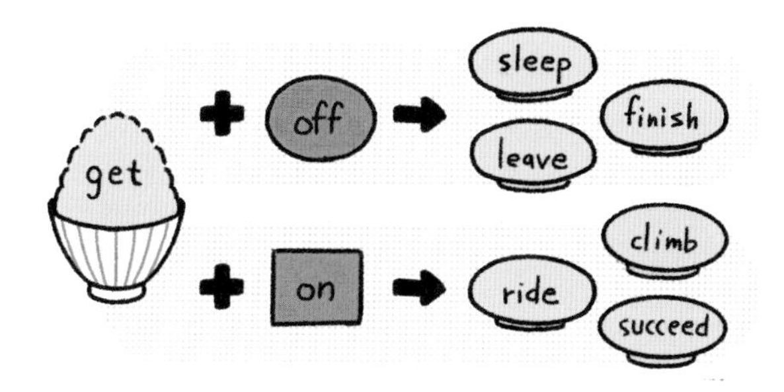

【句動詞】と呼ばれるものですが、これこそが少ない数の単語で日常会話ができる「魔法」なのです。

素材（基本動詞・前置詞）についての理解を深めることが大事！

一方、抽象度が低いマイナー動詞。これは料理でいうところの「カオニャオマムアン」であり、完成品に付けられた名前です。

たとえばextinguishという動詞はカオニャオマムアン的な存在であり、「火を消す」という特定の状況でしか使われないのです。
「いや………カオニャオマムアンてなんやねん!!!!?」と今思ったあなた。
これがまさに抽象度が低くて（具体的すぎて）通じないということです。
だから、**日常会話ではextinguishではなく、相手がイメージできるようにput outが使われる**のです。
では、これらを踏まえて僕らがやるべきこととは何か？
………ズバリ、**素材と調理法についての理解を深めること**です。
基本動詞や前置詞の本質を知ることで、幅広い意味に応用できるのです。

よく使われる動詞とは、動作ではない!?

さて、もうひとつの「魔法」についてお話ししましょう。
「動詞」と言われると**「動作、行動」**を思い浮かべますが、ドラマ頻出動詞は、know、haveのような「私の状態」を言うものや、wantやfeelのような「私の感情」を言うもの。thinkやguessのような「私の考え」を言うものなど…動作というよりもむしろ、**【動作が実行されるまでの、私の心の動きや、脳の動きを表す】**ものが大半を占めています。
右ページに動詞をグループ分けしてみましたが、ご覧のとおり、ほとんどの動詞が、**心で感じたり、頭で考えたり、だれかと情報伝達しているのです！**
たとえば、「お腹減った→よし駅前の和食の店に行こう」…って一瞬で行動できるのなら、もはや会話する必要はありませんよね。
お腹へった → 魚とか食べたい → どこかいい店知らん？ → 高い店は美味しそう → 給料日前やし → 回転寿司行こう → いっぱい食べて満足
これが日常会話。一般化してみるとこんな感じです。
今の状態（know、have） → 心が動く（want、need、feel）
→ 調べる（check、ask） → 考える（think、guess）
→ 行動する（go、move、take、wait） → 新たな状態（get、become）

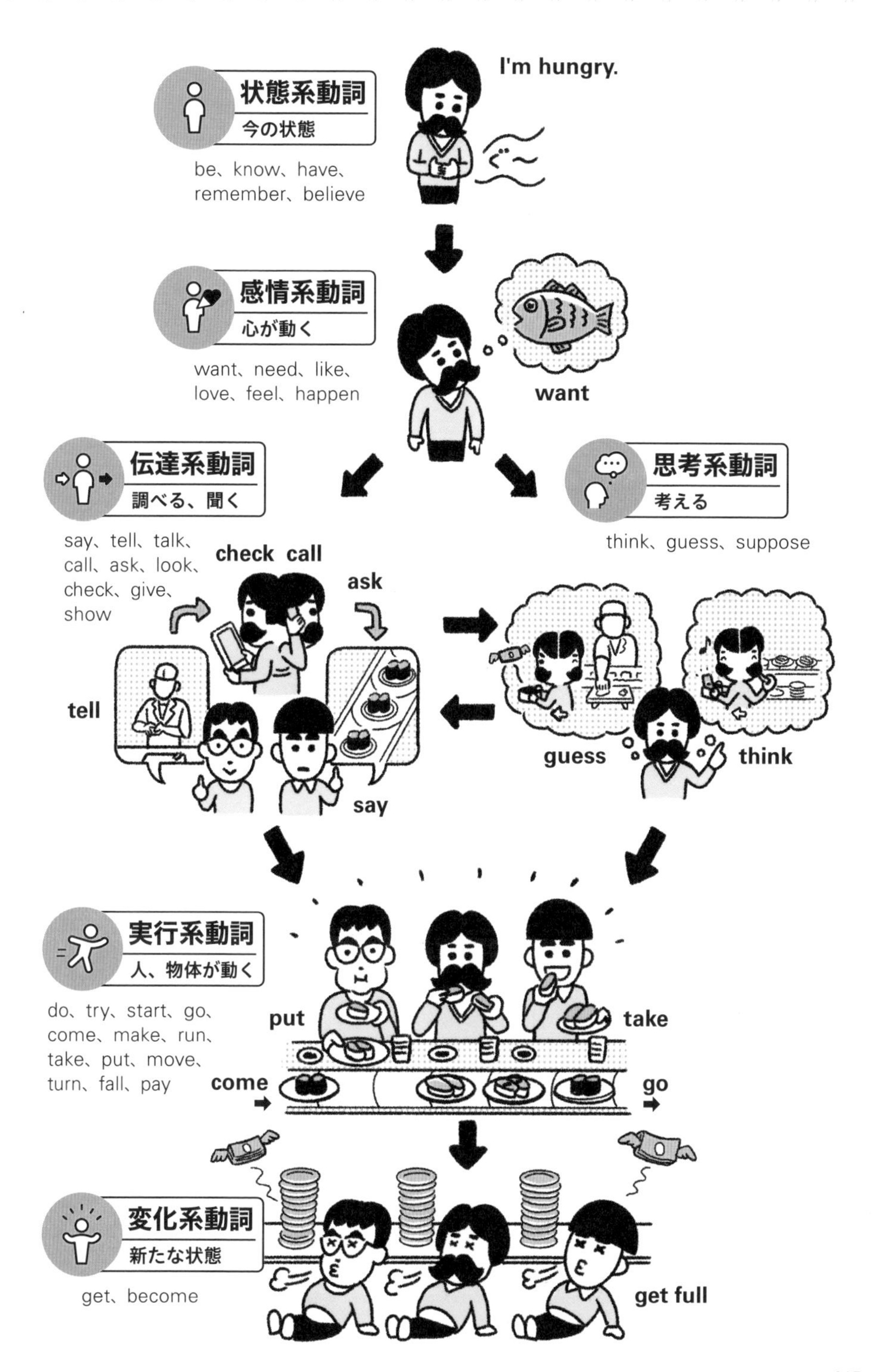
I'm hungry.
状態系動詞
今の状態
be、know、have、
remember、believe
ぐ〜
感情系動詞
心が動く
want、need、like、
love、feel、happen
want
伝達系動詞
調べる、聞く
say、tell、talk、
call、ask、look、
check、give、
show
check call
ask
tell
say
思考系動詞
考える
think、guess、suppose
guess
think
実行系動詞
人、物体が動く
do、try、start、go、
come、make、run、
take、put、move、
turn、fall、pay
put
take
come
go
変化系動詞
新たな状態
get、become
get full

巷ではよく、「目に見えるものを全部英語で言えれば、英語脳になれる」と言われますが、そうではないのです。
【目に見えない感情、考え、言葉】…これを言えるのが英語脳です。

複文〔自分フィルター〕という、もうひとつの魔法。

では、【目に見えない感情、考え、言葉】を言うために、ネイティブがどのようにセリフを組み立てているのか？　その調理法を教えます。
それが……**【複文】（=複数の文章が組み合わせられた文）**です。

I don't know **where we can eat sushi.**（どこで寿司を食べられるか知らない）
I asked him **where we should go.**（彼にどこに行くのがよいか聞いてみた）
I think **we should save money.**（節約すべきだと思う）
I'm glad **we ate lots of sushi.**（たくさんお寿司食べられてよかった）

このように、まずI knowやI think、I'm gladのように自分の気持ちや考えを言って、その内容をさらに文で後ろに連結して複文を作ります。
学校ではthat節、wh名詞節と習いますが…自分の「主観」を言っているの

	認識フィルター	伝達フィルター	意見フィルター	感情フィルター
代表的なもの	I know I remember I'm sure	I ask＋人 I tell＋人 I check	I think I guess I feel like	I'm glad It's too bad I can't believe
連結	5W1H ／ if (that)	5W1H ／ if (that)	(that)	(that)
イメージ 黄色の部分を英語で言うイメージ				
目的	認識を語る	新しい情報のやりとり	意見を語る	感情を示す

で、僕は**【自分フィルター】**と名付けました。
knowのように認識を語るのが【認識フィルター】、askのように情報をやりとりするのが【伝達フィルター】、thinkのように考えを言うのが【意見フィルター】、I'm gladのように感情を言うのが【感情フィルター】です。

連結ランキングで全動詞の使い方がわかる！

句動詞と複文。この2つの調理法を使って、ネイティブは中学校で習う簡単な単語から、多彩な意味を生み出しているということなのです！
また、句動詞はtake、putのような「実行系」動詞がよく使われ、複文は、「感情系」、「伝達系」、「思考系」動詞がよく使われる傾向があります。

【句動詞】あいまいな基本動詞 ＋ 前置詞（副詞）→ 実行系動詞と相性がよい
【複文】感情、認識、思考動詞 ＋ 文→ 感情、伝達、思考系動詞と相性がよい

そして、それぞれの動詞が、どのような句動詞や複文になって、会話で使われるのか？　それを一瞬で知れるのが、この本の最大の目玉……
【連結ランキング】です！
海外ドラマのセリフを分析し、**「その動詞が、どのような単語に連結するのか？」**……そのパターンを数えてランキング化しました。
プリンにはカラメルソース、いちごには練乳、閉店時間には蛍の光。
これをかけとけば間違いないように…goと言えばto、feelと言えばlike、knowと言えばwhat。それぞれに**相性のよい組み合わせがある**のです。
「句動詞って組み合わせが多すぎて覚えるのが大変」と思っていたのですが、ランキングを見れば、**本当によく使われる組み合わせが一瞬でわかります。**
しかも、ランキング上位の使い方を覚えておくだけで、その単語の自然な使い方ができてしまうという画期的なランキングです。
それでは、動詞編をはじめましょう。……次のページへどうぞ！

動詞
1位

have

状態

「持つ」ではない!?
「共にある」状況。

連結ランキング

順位	連結	意味	回数
1位	**have** + a,an,the（名詞）	～を持っている	3927回
2位	**have** + to	しなければならない	3187回
3位	**have** been	ずっと～している	495回
4	**have** sex	セックスする	492
5	**have** fun	楽しむ	167
6	**have** no idea	全くわからない	166
7	**have** never	経験がない	97
8	**have** dinner	夕食をとる	92
9	**have** got	持っている	84
10	**have** time	時間がある	70

haveの意味わかりますか？

「中１の単語のhave って…『持つ』やろ？　**I have a pen**、**I have an apple**、簡単すぎるわ…なんやねんこの本」
りんごとペンを持っている彼を思い浮かべてる方…これを見てください。

- **I have a cold**（風邪をひいてる）
- **I have a child**（子供がいる）
- **I have dinner**（夕食を食べる）
- **I have a presentation**（プレゼンがある）
- **I have fun**（楽しむ）

ちょっと、おかしくないですか？　…どれも**【手に持ってない】**んですよ！
僕自身も「have＝持つ」と覚えていました。しかし、それ以外で使われている場面がドラマでも圧倒的に多く、「haveなんて簡単やと流してたけど、実は全然使いこなせてなかったかもしれん！」と、思い知らされたのです。

haveの本質とは……「共にある」状況!?

じゃあhaveの本質って一体なんやねん？ってことですが、その答えは……**【共にある状況】**です。
ペンを手で持っていようが、筆箱の中に入れてようが、家の机の中にストックしてようが、なんとぜーんぶ **I have a pen** になるんです。

ぜんぶI have a penで表すことができる

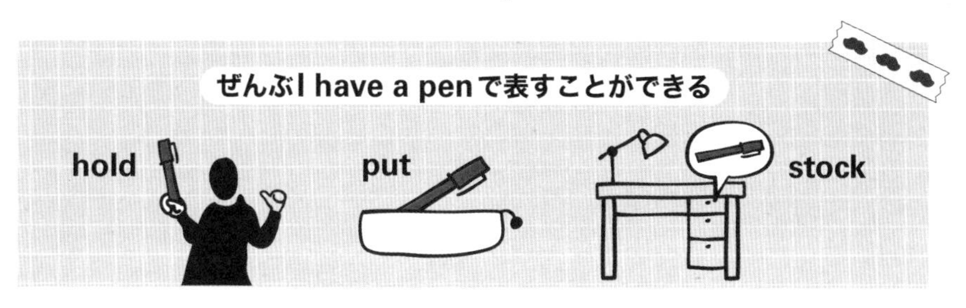

手で持っているは**hold**、筆箱の中に入れているは**put**、机の中のストックは**stock**のように、より細かい描写を他の動詞で言い換えることもできます。
しかし、すべてにおいて私はペンを所有していることに変わりありません。
つまり……**【共にあるという認識】**こそが「**have**」の本質なのです。
たとえば、**I have a girlfriend**.
……まさか彼女を持ち上げているシーンは思い浮かべませんよね？「彼女がいる」すなわち、お互いに付き合っている認識があるということです。それはつまり、**【付き合っている状況にある】**ということ。

- **I have a cold.** ——→ **風邪をひいている状況にある**
- **I have a presentation.** →**プレゼンをする状況にある**
- **I have dinner.** ——→ **夕食の状況にある**
- **I have a car.** ——→ **車をもっている状況にある**

1秒 英作文　「すばらしいアイデアがあるんだ」 ⇨答えは次のページ

さらに、連結ランキングを眺めてみてください。
ぜーんぶ**【共にある状況】**を言っています。2位の**have to**も「何かをする状況にある＝しなければならない」ということであり、3位の**have been**も「ずっと置かれている状況」です。
このように、他の動詞のような「動きのある動作」ではなく、**【時間の流れがある物事の状況】**を語るのがhaveの最大の特徴です。

haveは守備範囲のひろ〜い単語

hold（手に持つ）もstock（備蓄する）もpossess（所有する）もhaveで言える。
「…じゃあ、とりあえずhave使っておけば伝わるってこと!?」
——そのとおりです！　ネイティブもpossessのような難しい単語よりもhaveのようなやさしい単語を好んで使います。
たとえば、あなたが海外旅行に行ったとしましょう。ホテルのお湯が出ない、クレジットカードが認識されない。いろいろなトラブルが起きます。「湯が出ない？故障？認識？　なんて英語で言ってたらええねん!!??（泣）」……こんなときもhaveを使って、**I have a problem with ●●** と言うだけ。

要するに、**I have a problem**は「困っている」というトラブルそのものを言っており、細か〜い説明が描写できなくても余裕で通じるのです！
このように、haveのような【簡単な単語】はどれも守備範囲が広く、いろいろな場面で応用できる、まさに魔法のような存在なのです。
では、次のページで海外ドラマのセリフを見ていきましょう！

⇨ 前ページの回答例　I have a wonderful idea.

▶ 海外ドラマではこう使われる!

TRACK 01

Can I have this? Ⓕ 2-3

これ、もらってもいい?

欲しいときに許可をもらう鉄板フレーズ。Can I get this?でもOK。

We have a problem. Ⓕ 9-22

困っています。

海外旅行でトラブルがあったときなどに、超便利フレーズ。with＋○○で具体的に付け足せます。

Hold on, I have another call. Ⓗ 1-3

ちょっと待って、電話かかってるから。

電話中に、他からかかってきたときのセリフ。hold onは「そのまま待ってて」。

I have no idea what you're talking about. Ⓗ 3-16

何の話かよくわからないです。

相手が何を言ってるのかわからないときや、相手の話をスルーしたいときにも。後ろは5W1Hで自由自在に着回せます。

Why don't we have dinner tonight and talk about it? Ⓕ 10-14

今夜夕食でも食べて、それについて話さない?

マークが「ルイヴィトンの仕事を紹介するよ」とレイチェルを食事に誘うシーンです。気軽に誘うときに使えます。

We don't have to drive all night. Ⓗ 5-5

一晩中運転する必要はないよ。

have toは「～しなければならない」ですが、don't have toは「～しなくてよい」になります。

I have been here for almost six years. Ⓗ 6-4

6年近くもここに住んでるのよ!

カナダ人のロビンが、アメリカのことを知らないとイジられるシーンで、いら立つセリフです。

Hi! Have you met Ted? Ⓗ 1-1

やあ! テッドに会ったことある?

バーニーが友人のテッドを初対面の女性に紹介するときのお約束フレーズ。あえてhave youを使うことでユーモラスな空気に。

1秒 英作文 「昨夜は楽しんだ?」 ⇨ 答えは次のページ

動詞 **2** 位

get

あらゆる変化に使える、オールマイティ単語。

連結ランキング

順位	連結	意味	回数
1位	get＋a,an,the（名詞）	～を手に入れる	1968回
2位	get＋人	人に～させる	1926回
3位	get to	着く、チャンスを得る	1097回
4	get married	結婚する	554
5	get out (of)	(～から)出る	382
6	get back	～に戻る	306
7	get in	～に入る、乗り込む	274
8	get up	起きる	147
9	get off	～から降りる	118
10	get over	～を乗り越える	102

getを制するもの、英会話を制する

ポケモンをゲットするイメージで、getを覚えておくと、あなたは本当のgetのすばらしさを知ることはできないでしょう…。
実は、**たくさんの動詞の代わりに使える万能動詞であり、オールマイティーカードのような美味しさがあります。**カイリュー的存在。
そして、getのコンセプトを理解することは、なんと英語の世界そのものを理解することにもなるのです。
ここは、気合いを入れていきましょう！

⇨前ページの回答例 Did you have fun last night?

まずgetがどれぐらいすごいのか……いきますよ！

I got your mail.（手紙を受け取ったよ）、**I got it!**（わかった！）、**Can you get coffee for me?**（コーヒー買ってくれる？）、**I got this book at the library.**（この本、図書館で借りてきた）、**I'll get there.**（もう少しで着くよ）、**Get your hat.**（帽子取っておいで）、**I got the train.**（電車に間に合った）、**Can I get your name?**（名前を教えてもらえますか）、**I didn't get your name.**（聞き取れませんでした）

一番前から、receive、understand、buy、borrow、arrive、bring、catch、ask、listen、……**これらの動詞（しかもメジャーなやつ）の代わりにgetで言えてしまうのです**。これに気づいたとき、僕は本当に衝撃を受けました。

getのコアイメージは「be、haveの状態になる」

getはなぜこんなにオールマイティに使えるのか？　その答えは、getの本質にあります。getのイメージとはズバリ……**【ある状態になる】**。

ある状態とは、**I am angry**のような心の状態（be動詞）もしくはhaveの状態（共にある）のどちらかです。

たとえば、**I get angry**（怒る）なら「**I am angryの状態になる**」ということだし、**I get a car**（車を手に入れる）なら「**I have a carの状態になる**」ということ。

すなわち「怒っていない」→「怒っている」、「車を持っていない」→「車を持っている」のように、「A」から「B」への**【状態の変化】**を言っている。これがgetの正体です。

getが状態の変化ということはわかったけど「それが、なぜgetを使っていろい

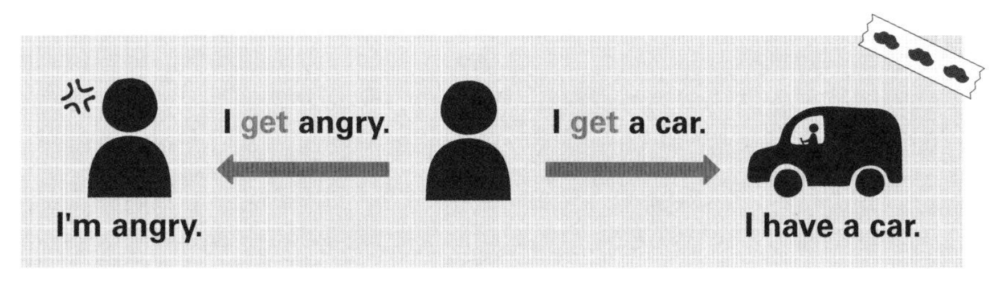

1秒 英作文　「私にもチケットをとってくれませんか？」⇨答えは次のページ

ろなことが言えるようになるの？」……おそらく、そう思われたでしょう。最初に挙げた例文をもう一度見てみましょう。

買う、借りる、受け取る……手段は全部違うけど、**【新たにhaveの状態になること】**で共通しているの、わかりますか？

つまり、リンゴを買おうが、拾おうが、収穫しようが、もらおうが、パクろうが、ぜーんぶ**I get an apple**なのです。

「りんごを持ってない→りんごを持っている」この変化こそがgetなので、getは手段に関係なく他の単語の代わりに使えるのです。

逆に言えば、getのイメージがより具体的かつ限定的になってtakeやbuyやharvestが生まれてくるというイメージです。

また、心の変化もgetで言えます。「うれしい気分（I am happy）になる」のは**I get happy**、「病気である（I am sick）になる」のは**I get sick**。

他にも**I get married**（I am married）、**I'm getting old**（I am old）のように**【get＋形容詞】**でいろいろな変化を言えるのです。

前置詞（副詞）を付け足すことで、さらに広がる世界

さらにgetがすごいのが**【前置詞（副詞）との組み合わせ】**。

この本のPART2で前置詞を紹介していますが、inなら「入ってる」、onなら「接する」、offなら「離れる」…それぞれにコアイメージがあります。

getは「〜の状態になる」だから……**get in**なら**【inの状態になる】**、**get on**なら**【onの状態になる】**、**get back**なら**【backの状態になる】**。

このようにgetは前置詞のイメージに変化していく過程も表現できるのです！

 ⇨ 前ページの回答例 Will you get me tickets too?

海外ドラマではこう使われる!

TRACK 02

Let's get started. Ⓕ 1-21

さあ、始めましょう。

〈get+過去分詞〉でbe started（受け身）の状態になる。口語でよく使われます。

We finally get to the top of the mountain. Ⓕ 5-10

最後には、山の頂上に着いたんだ。

「着く」はarrive atよりもget toが圧倒的に使われます。

How did you get in there!? Ⓕ 8-14

どうやって入ったのよ!?

モニカが持ち物を押し込んだ隠し部屋を、チャンドラーに開けられたときの一言。

I just want to get over him. Ⓕ 2-7

ただ彼のことを忘れたいだけなの。

ロスに未練が残っているレイチェルのセリフ。get overは問題を乗り越えるときに使えます。

This is where I get off. Ⓕ 6-1

ここが降りたい場所です。

タクシーなどで降りたいときに使えます。where以下を着回せば、「ここが～な場所」と、場所をいろいろ説明できます。

Please don't get married before I do. Ⓕ 7-7

私より先に結婚しないでよ（笑）

結婚のことを口にしたジョーイに、レイチェルが冗談っぽく一言。

Let's get back to the birthday song! Ⓗ 5-18

バースデーソングに戻りましょう!

誕生日祝いで、けんかムードになったシーンでのセリフ。会話を元のトピックに戻すときも、Let's get back to ... が使えます。

Can I get you something to drink, like a water and valium? Ⓕ 8-18

何か飲む？　水とかバリウム（精神安定剤）とか？

テンション高すぎの彼に対するフィービーの皮肉。〈get+人+もの〉で人にものをgetする。

1秒 英作文　「あなたと知り合いになりたい」

⇨答えは次のページ

動詞
3
位

know

状態

何を知っていて、何を知らないのか？を語る単語。

連結ランキング

順位	連結	意味	回数
1位	know what	～が何かを知っている	1628回
2位	know＋［文］	(文の内容)を知っている	814回
3位	know that	～を知っている	583回
4	know how	どのように～かを知っている	412
5	know it	それを知っている	366
6	know＋a,an,the (名詞)	～を知っている	244
7	know＋人	～を知っている	208
8	know if	～かどうか知っている	167
9	know about	～について知っている	164
10	know why	なぜ～かを知っている	158

知っていること、知らないこと

「know って…『知る』。そんなん知っとるわ!!」
そう思われたかもしれませんが…「知る」ではなく**「知っとるわ!!」**の感覚こそがknowの本質です。すなわち、**【知っている状態】**が**know**であり、haveのように状態を語るのが特徴なのです。
実は、日本語の「知る（知らない状態から知っている状態への変化）」を言いたいときは、knowではなく、**see**（わかる）や**find**（見出す）がハマります（→p.42、90）。

⇨ 前ページの回答例　I want to get to know you.

「knowするために人は会話する」と遺言を残したいぐらい、わからないことを教えたり、教えてもらったりすることがコミュニケーションの目的の1つであり、日常会話ではknowが本当によく使われます。

knowは複文（自分）フィルターとして使われまくる！

まずは、連結ランキングを見てみましょう！
knowは3つのドラマで合計11,197回登場するうち、なんと3,231回はthatや5W1Hが連結して**【主観＋事実】**の複文として使われていました。
人や名詞ではなく、圧倒的に文に連結されるという結果には、「おおおお！」と、目からウロコが落ちまくりました。
16ページでお話しした通り、knowは**認識フィルター**に分類され、すぐ後ろにthat、5W1H、ifのどれかが連結します。

- **I know that he goes there.**
  （彼がそこに通っていることを知っている）
- **I know why he goes there.**
  （彼がなぜそこに通っているか知っている）
- **I don't know how he goes there.**
  （彼がどうやってそこに通っているか知らない）
- **I don't know if he goes there.**
  （彼がそこに通っているかどうか知らない）

「知っている」というのは場所（where）、時間（when）、人（who）、理由（why）、手段（how）、真偽（if、whether）、モノ（what）を知っている、ということなので、

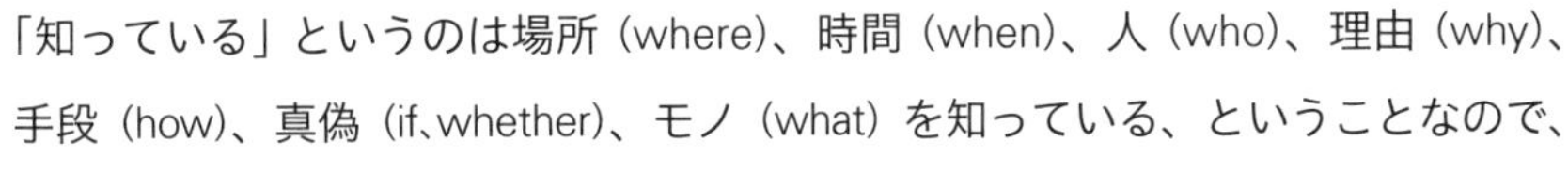
I know he went home, but I don't know how he went home.

（彼が家に帰ったことは知っているけど、どうやって帰ったのかわからない）
このように、日常会話では自分の知っている・知らないを伝えるために使われるのが最大の特徴です。
knowと同じような認識フィルターとしては、**I understand**、**I'm sure**、**I have an idea**、**I remember**などがあり、いずれも5W1H、ifとセットで

 ⇨答えは次のページ

よく使われるので覚えておくと便利です。
また、**I know what to do**（何をすべきかわかってる）という**【5W1H＋to不定詞】**もドラマで頻出していました。

Do you know + 5W1Hでたずねるのが自然！

僕が中学生の頃は、**Where is the store?**（店はどこにありますか）って習いましたが…「Cozy…それは直接的すぎるわ」と友人のデブリーナが教えてくれました。
Do you know where the store is?（どこに店あるか知ってますか？）
I want to know where the store is.（どこに店あるか知りたいです）
このように「知ってますか？」と**人を主語にして、複文にする**ことでより英語らしく自然な言い方になるのです。
5W1Hを使いたくなるほとんどの場面は、出だしに**認識・伝達フィルター**（→p.16 ～ 17）を使えるので、ぜひチャレンジしてみてください。

最後に、knowで特に注目したいのが…連結ランキング9位**know about**です。
たとえばジブリの宮崎駿さんを知っていて、**I know Hayao Miyazaki**と言うと、「宮崎駿と知り合いである」という意味になってしまいます。
「～に関することを知っている」という場合は、**I know about Hayao Miyazaki**のようにknow aboutを使うのがコツです。aboutのニュアンスは前置詞編（→p.136）を参考にしてみてください！

 ⇨ 前ページの回答例 I know what you mean.

海外ドラマではこう使われる！

TRACK 03

You know what? Ⓗ 5-6
ちょっと聞いてよ。

会話の切り出しで使われる、「ねえ、ちょっと聞いて」というお決まりフレーズ。

You know what I mean? Ⓕ 4-3
私の言ってる意味わかるかな？

相手に自分の話が通じてなさそうなときに使えます。僕もしょっちゅう使ってます。

Let me know if you want to get some dinner later. Ⓗ 9-5
あとで夕食を食べたいかどうか知らせてね。

Let me knowで「知らせてね」と相手に伝えるコミュニケーションフレーズ。

I know that you're not gonna tell anybody. Ⓕ 9-7
あなたはだれにも言わないって、知ってるよ。

恥ずかしいラップを赤ちゃんに向けて歌ったあとの、レイチェルの一言。「だれにも言わないでね」と暗にお願いするときにも。

I know what I'm talking about. Ⓕ 4-11
適当に話しているわけじゃないのよ。

「何を話してるかわかって言ってる、だから信じて」という【大事なことを伝えるシーン】で使われます。

Do you know where the store is? Ⓕ 6-22
店がどこにあるか知ってますか。

Where is the store?よりも、Do you knowを付けると丁寧で自然な言い方。

I don't know why you don't have a boyfriend. Ⓕ 3-6
なぜ君に彼氏がいないのかわからないよ。

ほめ言葉もしくは口説き言葉（？）I don't know why you don't work.のように相手を責めることもできます。

They don't know we know they know we know. Ⓕ 5-14
彼らが付き合ってることを私たちは実は知ってる…ことを彼らは知ってることも実は私たちは知ってる…ということをまだ彼らは知らないわ！

ドラマを見てください（笑）

1秒 英作文 「なぜそれを言ったのか自分でもわからない」 ⇨答えは次のページ

go

「離れていく」イメージ。それがgo!

連結ランキング

順位	連結	意味	回数
1位	go to	～へ行く	1034回
2位	go on	続ける	601回
3位	go out (with)	外出する、(～とデートする)	508回
4	go back	戻る	264
5	go home	家に帰る	202
6	go with	～と一緒に行く、調和する	197
7	go through	通り抜ける、切り抜ける	169
8	go for	～を取りに行く、～を目指す	164
9	go in	中に入る	149
10	go get	取りに行く、呼びに行く	143

離れていくイメージは全部、go!

「goなんて簡単すぎるやん…『行く』やろ？」と僕は思っていました。
しかし、goという単語もまた、日本語には存在しない単語だったのです。
goのコアイメージは「行く」ではなく、なんと……【離れる】が正解です。
上の絵のおじさんの後ろ姿、これがgoの正体なのです。
さらに、goのイメージを応用してみましょう。
Sundays go quickly（日曜日が離れる〔過ぎる〕)、**The bulb has gone**（電球の寿命が離れた〔切れた〕)、**The pain has gone**（痛みが離れた〔治った〕)、**This**

⇨ 前ページの回答例　I don't know why I said that.

stain won't go（シミが離れない〔消えない〕）……左のおじさんを、日曜日、電球、痛み、シミに置き換えてみるとこうなります。

いかがでしょう？ …**【ここにあったものが、離れています】**よね。

have gone（離れた状態と共にある）を使えば、もう二度と帰ってこない、去っていったニュアンスを出すこともできます。

また、ドラマで58回登場の**How's it going?**（調子はどう？）は、何かスタートしている仕事などが、スタート地点からどこまで離れている（進んでいる）かを聞くというニュアンスで、やはりgoが使われます。

このように**【ある地点から何かが離れていく】**ことがなんとなくイメージができるものに対しては、すべてgoが使えるのです。

抽象度が高くて、あいまいな「基本単語」

「いやいや…そんなぼやけたイメージでええんかいな？？」

と思われるかもしれませんが、そこがまさに基本単語のキモなのです。

【ぼやけている＝抽象度が高い】。

抽象度が高く、あいまいだからこそ、いろいろな場面に応用ができるというわけなのです。

たとえば、**I go to school**は「私は学校に通う」というニュアンスですが、**I walk to school**（歩いて）であろうが、**I take the bus to school**（バスで）

1秒 英作文 「ディナーに行きませんか？」 ⇨答えは次のページ

であろうが、**手段に関係なく全部 I go to school** で通じます。
「え……でもバスに乗って行くことを伝えたいんやけど」
そう思われた方は、I go to schoolを言ってから、**by bus**を付け足せばOK。**基本動詞で骨格を作って、前置詞で説明をつけたしていくこと**で、徐々に具体的にしていけばよいのです。

前置詞との組み合わせで、さらに広がります

さらに、連結ランキングを見てみると重要なことに気づきませんか？
to, on, out, with, through, forのように、goはほぼ**【前置詞に連結して使われる】**のです。(I go schoolのようには使えません)
これは、自動詞として学校で習うものですが、**【前置詞を使ってgoの方向性や目的を具体的に語る】**ということなのです。
ランキングの中で重要なものをいくつか紹介しましょう。

2位 go on

onは「接している」イメージ(→p.133)。離れていくのに接してるってどっちやねん！？　電車のレールをイメージしてください。駅からは離れていきますが同じレールの上には乗っている。レールの上を進んでいて何かが続いていくようなイメージです。
I go on to college.（私はさらに大学へ進む）、**I want to go on working.**（働き続けたい）学校では「続く」と習いますが、「さらに進む」、「次の場所へ行く」、「関係を続ける」などの意味でも使われます。

7位 go through

throughは何かトンネルのようなものの中を通り抜けるイメージです（→p.139）。
I went through a long tunnel.（トンネルを通り抜けた）のように物理的にも使えますが、**I went through a very hard time.**（つらい経験をした）のように、「経験」を通り抜けたという場合にも使えます。また、**My application went through.**（申し込みが受理された）のように、「審査という名のトンネルを通過した」というイメージでも使えます。

8位、9位 go for, go in

forには「目的のイメージ」があるので、「取りに行く」、「呼びに行く」、「求める」など、「意志を持ってgoしてる」場合に使えます。応援するときに使われるGo for it!（がんばれ！）も、「目標を目指せ！」みたいなニュアンス。
inは「中に入る」イメージなので、家に入る、頭に入る〔理解する〕、太陽が雲に隠れる、競技に参加する、など全部go inで大丈夫！

⇨ 前ページの回答例　Would you like to go to dinner?

▶ 海外ドラマではこう使われる！

TRACK 04

I can't go on any more bad dates! Ⓢ 4-4
ひどいデートはこれ以上続けられないわ！

男運の悪いミランダの一言。go onは続けていくという意味。

Did she go out with him? Ⓕ 9-13
彼女は彼と付き合ってたの？

go outは「出かける」だけでなく「付き合う」という意味も。海外ドラマ必須表現です！

I can't wait to go back to work. Ⓕ 9-10
仕事に復帰するのが楽しみだわ。

今の状態から離れて（go）、戻る（back）。仕事に復帰したり、家に帰ったり、go backでいろいろ言えます。

If you wanna go home, then we'll go home. Ⓗ 1-3
君が家に帰りたいなら、帰ろう。

If ～, then ... .「もし～なら、こうしよう」と提案する、会話っぽい言い方です。

Would you like to go for a drink? Ⓕ 6-5
飲みに行きませんか。

forは目的なので、go for a drinkで「飲みに行く」です。お誘いに使いましょう。

Before we go in, I just want you to know that I love you. Ⓕ 8-4
家に入る前にこれだけは言っておきたい。愛してるよ。

新婚旅行から帰ってきたチャンドラーのモニカへの言葉。単語は中１レベルですが……パッと言えますか。

I'm gonna go get another round. Ⓗ 1-5
次のお酒を取りに行ってくるね。

口語ではgo getのような【動詞＋動詞】もよく使われます。

The last thing we did before she left was go to the Empire State Building. Ⓗ 2-12
彼女が発つ前に僕らが最後にしたことは、エンパイアステートビルに行ったことだった。

NYに来たロビンの妹を連れて行ったというナレーション。〈～ thing S did was ...〉の形も覚えておくと便利。

1秒 英作文 「僕と付き合ってくれますか？」 ⇨ 答えは次のページ

動詞
5
位

感情

思考

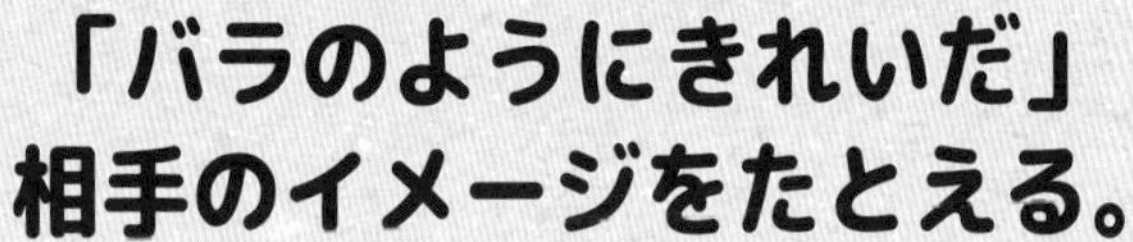

連結ランキング

順位	連結	意味	回数
1位	like＋a,an,the（名詞）	～が好き、～のような	1098回
2位	like＋［文］	（文の内容）のように	744回
3位	like that	そのように、あんなふうに	536回
4	like＋人	～が好き、～のような	497
5	like to	～するのが好き、～したい	446
6	like this	このように	321
7	like it	それが好き	252
8	like what	たとえば？、どのように	46
9	like when	～のときみたいに	36
10	like being	～であるのが好き	35

「動詞likeって…『好き』やん？　後ろに名詞をつけるだけやし、さすがにみんな迷うことはないやろ。」そう思い連結パターンを数えてみると……

なんと、likeの後ろに文章が744回も連結しているのです!!!!

これは学校では習わない、口語ならではの**【likeが接続詞として使われる形】**であり、「～のようだ」という意味になります。たとえば……

It's like you like Mr. Children.（ミスチル好きそう）

【It's like+文】の形で、たとえを連結することで**【～っぽい、~みたいな】**と相手の印象を細かく言うことができるのです。

また、likeを前置詞として使えば……

My sister is like my mom.（妹は母みたいだ）

⇨前ページの回答例　Would you go out with me?

likeの後ろにいろいろな「名詞」を入れるだけでOK。
さらに、五感動詞（→p.48）と組み合わせれば、**You look like an older brother**（長男っぽいよね）と相手の印象を伝えたり、**It sounds like you got a lot of problems**（問題を抱えてるようやね）のように相手をやさしく察することもできるのです。
個人的に、海外ドラマを見ていてめっちゃおもしろかったのが…
It's like the last 20 minutes of Titanic in here（タイタニックの最後の20分状態か！）…「たとえツッコミ」です。
逆に、相手にたとえて欲しいときは、**Like what?**（どんな？）と聞くのが正解。
For example? と相手に聞いてるシーンは、たった1回のみ（！）でした。

海外ドラマではこう使われる！

TRACK 05

I like the way you think. Ⓗ 1-14
あなたのその考え方が好きです。
さらりと相手に共感するフレーズ。you thinkの部分は自由に着回しできます。

Would you like to eat some dinner? Ⓢ 3-5
ディナーを食べませんか。
「～したいですか、～しませんか」の鉄板お誘いフレーズ。

It's like I'm you. Ⓢ 3-13
まるで私があなたみたいなの。
キャリーが執筆するコラムに共感する、ファンの女性のセリフです。

You look like Beef Carpaccio. Ⓢ 5-5
あなた、ビーフカルパッチョみたい。
肌ケア注射に失敗して顔が真っ赤になったサマンサに対し、キャリーが一言。

"Dessert" sounds like "desert." Ⓗ 9-6
デザートがdesert（砂漠）みたいに聞こえてしまうわ。
砂漠に彼との思い出がある女性の一言。英語ならではの言葉遊びですね。

It sounds like this is getting pretty serious. Ⓗ 5-4
だんだん真剣になってきてるようね。
sounds likeで相手の話を聞いた感想を言えます。get seriousで「真剣になる」。

Don't talk like that. —Like what? Ⓢ 3-5
そんな風に話さないで。——どんな？
like thatに対して、Like what?で返すやりとり。ドラマによく出てきます。

1秒 英作文 「雨が降ってるみたい」 ⇨ 答えは次のページ

動詞
6
位

思考

本当のことはわからない。だけど私はこう思う。

連結ランキング

順位	連結	意味	回数
1位	think + [文]	(文の内容) だと思う	2622回
2位	think about	～について考えてみる	626回
3位	think that	～だと思う	364回
4	think of	～について考える	328
5	think it's	それは～だと思う	243
6	think so	そう思う	179
7	think + a,an,the (名詞)	(名詞) が～であると思う	130

「英語で意見を言ってみたいわ～」

そんなあなたに、まず最初にマスターしていただきたいのがthinkです。

ドラマでは、**thinkの次に文が連結するパターン**がダントツ１位であり、意見フィルターとして複文の形で使われます。たとえば……

I think she likes Hayato (彼女はハヤトを好きやと思う)。

出だしにI thinkを言って「今から意見を言いまっせ～」とフリを作り、そのあとに自分の考えを言う。これが英語で一番気軽に意見を言う方法です。

一方、いまいち自分の考えがまとまってないときは…

ランキング３位の**think about** (～に関することを考える) が使えます。

I think about her. (彼女のことについて考えてるのさ)

⇨ 前ページの回答例　It's like it's raining.

I think about why she likes me. （なぜ彼女が俺を好きか考えてるのさ）

このように、5W1Hやifが連結して複文としてもよく使われます。

海外ドラマではこう使われる！

TRACK 06

Let me think about it. Ⓗ 4-11

ちょっと考えさせて。

即答したくないとき、断りづらいときに使えます。覚えておくと本当に便利です！

What do you think about that? Ⓗ 5-13

それについてどう思う？

相手に意見を求めるときのお決まりフレーズ。回答に困ったときは、こちらから質問してみましょう。

I think she knows where my dad is! Ⓕ 3-25

どこにお父さんがいるか彼女は知ってると思う！

thinkとknowで「私の考えの中にある彼女の認識」という、主語３つの複文。「単語は中学レベルなのに主語だらけ」は日常英会話の特徴です。

I think we should get married. Ⓕ 8-3

僕たち、結婚すべきだと思う。

レイチェルに対するロスの一言。I thinkとshouldはセットでよく使われます。

What if I don't think of the books? Ⓗ 4-20

もし僕も本のこと考えていなかったらどうしよう？

ある建築家が完璧な図書館を作ったが、その図書館は毎年沈んでいく。なぜなら本の重さを考えてなかったから。簡単なことほど見落としがちというたとえ話。What if ～？は「どうしよう」という不安のフィルター。

I thought that would be the best thing to do. Ⓕ 4-7

そうすべきだと思ったんだ。

「これがいいかな」と過去に考えていたことは【I thought＋主語＋would】で言います。

Think about how much fun it's gonna be going over the Brooklyn Bridge. Ⓢ 6-5

ブルックリン橋を渡ることがどれだけ楽しいか考えてみてよ。

夜のバイクデートをためらうキャリーに対して、強く誘うジャックのセリフ。

1秒 英作文 「私たち、よりを戻すべきだと思う」 ⇨ 答えは次のページ

動詞

7位

want

感情

欲しい！食べたい！未来を創造する単語。

連結ランキング

順位	フレーズ	意味	回数
1位	want to	～したい	3309回
2位	want＋人	人に～して欲しい	885回
3位	want＋a,an,the（名詞）	～を欲しい	340回
4	want it	それが欲しい	126
4	want＋所有格（yourなど）	～の…が欲しい	126
6	want some	いくつかの～が欲しい	56
7	want that	それが欲しい	54

「英語ペラペラになってブロンド美女と付き合いたい!!」

僕(ら)の人生の原動力となっているのは間違いなく「want」です。

「食べたい、寝たい、遊びたい」とネイティブの子供も最初に覚える単語であり、あらゆるシーンで使えるのが特徴。

３大ドラマにおいても**want to**（～したい）、**don't want to**（～したくない）、**wanted to**（～したかった）の３フレーズが、これでもかと何千回も使われていました。

I want to play the piano.（ピアノを弾きたい）

このように、**【want to ～】**で私の願望を言えます。

ピアノを弾いて欲しいときは…

⇨ 前ページの回答例　I think we should get back together.

I want you to play the piano.（あなたにピアノを弾いて欲しい）

wantのすぐ後ろに「人」を連結する形、**【want＋人＋to ～】**で自分以外のだれかへの願望を言うことができるのです。さらに、

Do you want me to play the piano?（ピアノ弾いて欲しい？〔弾こうか？〕）

このように、相手に喜んでもらおうと自分から提案もできます。

いずれも、wantがきっかけで行動が決まり、未来が作られていく……つまり**【未来を創造する原動力】**こそがwantなのです。

逆に、過去形のwanted toは「～したかった」。創造できなかった未来への**【後悔の気持ち】**を簡単に言えます。

また、ビジネスの場面ではwant toよりも**would like to**、Do you want me to ～？よりも**Would you like me to ～？**を使うと丁寧な印象です。

海外ドラマではこう使われる！

TRACK 07

Do you want some help? Ⓕ 8-20

手伝おうか？

Can I help you?と同じく相手への気づかいフレーズ。相手を問わず幅広く使えます。

What do you want me to do? Ⓕ 4-21

何をして欲しいの？

相手の希望を聞くとき、「どうすれば気がすむの？」とイラッとしたときに使えます。What do you want me to say?もよく使われます。

Do you want to get a drink? Ⓕ 9-22

飲まない？

友達に使うカジュアルな誘い方。丁寧に誘うときはWould you like to ～？がベター。

I want you to be happy. Ⓕ 10-1

あなたには幸せになって欲しい。

want＋人＋to ～のセリフ。【be動詞＋形容詞】を使えば相手に望む状態をいろいろ言えます。

Phoebe, I just wanted to say I'm sorry, okay? Ⓕ 6-7

フィービー、ただ謝りたかったの。許してもらえる？

wanted toで、レイチェルの後悔の気持ちが出ています。

I want you to want me to want to have your grandkids. Ⓗ 2-3

あなたの孫を産みたいって私が思うことを、あなたに望まれたいの。

中1単語だけど、超難解なセリフ（笑）。youは私の彼氏のお母さん。お母さんは息子と私の孫は望んでなさそうで、不安になった一言。

1秒 英作文 「あなたはどうしたいの？」 ⇨答えは次のページ

動詞
8
位

say

吹き出しでセリフを言うイメージ。

連結ランキング

順位	連結	意味	回数
1位	say＋［文］	(文の内容)を言う	731回
2位	say that	それを言う、～を言う	546回
3位	say it	それを言う	359回
4	say + a,an,the（名詞）	～を言う	133
5	say to	～に言う	126
6	say no	ノーと言う	118
7	say anything	(not ～で)何も言わない	115
8	say something	何かを言う	105
9	say yes	イエスと言う	73
10	say goodbye	別れを告げる	54

まずは、上のおねーちゃんの吹き出しに注目してみてください。

ランキング上位には**5つの「吹き出し系動詞」**があり、海外ドラマでとにかく一番よく使われる長男的存在がsayなのです。

say のコアイメージは**【内容を発する】**。後ほど登場の次男 tell (→p.50)は「内容をだれかに伝える」であり、2つを比較することで理解が深まります。

連結ランキングも見てみましょう。1位は……**後ろに文が連結する形**です。

I want to say I have a cold.（風邪ひいてるって言いたいの）

このように**【say＋文】**で使えますが、**言っている内容を文で後ろに付け足すだけ**。文が吹き出しだとイメージすればわかりやすいです。

さらに注目すべきは7位、8位の**something**、**anything**が連結する使い方。

⇨ 前ページの回答例 What do you want to do?

Say something funny.（何かおもしろいこといってよ）

I'd like to say something to you.（言いたいことがあるの）

１つめは無茶振りと呼びますが、「言いたいことがある」は日本語でもよく使いますね。どちらも、**話題に入る前のクッションフレーズ**であり、会話の切り出しに使えます。

また、**I'd like to say something to you** をtellに置き換えると、I'd like to tell something to youではなく**I'd like to tell you something (about ...)** のように、tellのすぐ後ろに「人」が連結するのがポイント。

sayは**「言いたいこと」**が目的、tellは**「伝えたい相手」**が目的であり、微妙にニュアンスは異なりますが、意味は同じと考えて大丈夫です。

海外ドラマではこう使われる！

TRACK 08

Say what? Ⓗ 1-10
何て言った？

カジュアルな聞き返しフレーズ。「何だって！？」のニュアンスでも使えます。

Say what?よりも丁寧に聞き返す言い方です。

I'm sorry, did you say something? Ⓕ 9-23
ごめんなさい、何か言いました？

場の空気をごまかすレイチェルの言葉。おもろいシーンなのでぜひドラマを！

Say something funny. —Like what? Ⓕ 4-16
何かおもしろいこと言ってよ。――たとえば？

警察に取り調べを受けるテッドとバーニーを迎えに行くマーシャルのセリフ。

So don't say anything until I get there, all right? Ⓗ 1-3
そこに着くまで何も言わないで！　わかった？

ギターの弾き語りをする、フィービーのセリフ。

Before I start, I just want to say that I have a cold. Ⓕ 4-5
始める前に、風邪ひいてることをお伝えしたいです。

I hate to say it, butは、言いにくいことを言うときのフレーズ。nailed itは「やり遂げた」という超頻出スラング。

I hate to say it, but Robin nailed it. Ⓗ 7-24
言いにくいことだけど…ロビンはバッチリやってくれた。

Let's sayは「たとえば」という仮定の表現。Ifのように主節を続けなくてもよいので使いやすいです！

Let's say we were the last two guys on the planet, and you had a gun to your head. Ⓕ 3-25
たとえば、僕らがこの星の最後の2人で、君は頭に銃を突きつけられているとしよう。

1秒 英作文 「僕に何を言って欲しいの？」 ⇨ 答えは次のページ

動詞 9位

see

見るだけではない、「わかった！」瞬間。

連結ランキング

順位	連結	意味	回数
1位	see＋人	人に会う	1358回
2位	see＋a,an,the（名詞）	～を見る	490回
3位	see it	それを見る	249回
4	see that	それを見る	204
5	see what	何が～かを見る	173
6	see if	～かどうか確認する	92
7	see how	どのように～かを見る	84
8	see each other	顔を合わせる、付き合う	53
9	see someone[anyone]	だれかと会う、デートする	51
10	see where	どこに～かを見る	29

「ねえ！　see、look、watch って何が違うの～？」って子供に聞かれたら目が泳ぎまくりますよね。…そんな全国のママへ、こちらをどうぞ。

lookは「視線を向ける」。I looked at himだと「彼に目をやった」。
一方、I watched himだと「彼を目でしっかり追いかけた」イメージ。テレビ

⇨ 前ページの回答例　What do you want me to say?

やスポーツを見るのはwatchです。
lookは目をやった瞬間（点）、watchはそれを見ている時間の流れ（線）がありますが、**seeは「意識的に見る」のも、「自然と目に入る」のもどちらも関係なく言えます**！
さらに、seeは「わかる」というニュアンスで使われることも多いです。
knowと同じく認識フィルターに分類され、knowは「すでにわかっている」ことを言う一方、seeは**【その瞬間わかった】**ことを言います。
You should speak English every day.（毎日英語を話したほうがいいよ）
とアドバイスされたときの、**I know**（知っとるわ）、**I see**（なるほど～）。この違い。I seeを使うことを強くおすすめします（笑）。
また、認識フィルターとして、後ろに**that / 5W1H / if**が連結するパターンもよく使われるので下の例文をチェックしてください！

海外ドラマではこう使われる！

TRACK 09

See you later. Ⓕ 2-5
またあとでね。
お別れのお決まりフレーズ。

I see what you're saying. Ⓕ 4-11
言いたいこと、わかります。
相手に同感を示すフレーズ。I see what you mean.で言い換え可能。

I'll see you when you get here. Ⓕ 9-9
ここに着くの待ってるから。
直訳すると「ここに着いたら会おう」ですが、「待ってるよ！」の気持ちです。

You want to see if we still have it? Ⓕ 4-17
まだある（映る）かどうか見てみる？
契約してないポルノ映画が、テレビを消しても映るか確認するシーン（笑）。

I'll see what I can do, but it doesn't look good. Ⓗ 2-15
やれるだけのことはやってみるけど…難しそうね。
I'll see what I can doは「なんとかやってみる」のお決まりフレーズ。

I got to see Donald Trump waiting for an elevator. Ⓕ 5-5
エレベータを待ってるドナルド・トランプに会えたんだ！
このget toは「特別な機会を得る」。1998年に放送された回ですがトランプ氏はこの頃から有名なんですね！

1秒 英作文 「仕事が終わったら会いましょう」 ⇨答えは次のページ

come

ゴール地点から見るgo ——それがcome。

連結ランキング

順位	フレーズ	意味	回数
1位	come on	おいで、急いで　など	1614回
2位	come to	～に来る	356回
3位	come back	戻る、帰る	268回
4	come in	～に入る	260
5	come here	ここに来る	240
6	come up (with)	上がる、(～を思いつく)	212
7	come out	出る、出版される	200
8	come over	やって来る	149
9	come with	～と一緒に来る	108
10	come from	～から来る	99

あれ…この絵どこかで見たような……

そうです。goのおじさんを裏側から見た図です(→p.30)。goは離れていくイメージでしたが、comeは**【ゴール地点に向かってくる】**イメージ。

たとえば… **I'll come to you.**（あなたのとこに行きます）

最初は「このフレーズ変やろ？」と思ってたのですが、**これは極めて自然なのです。**comeの視点が相手側にあり、**「あなたに近づいていくよ～」**という距離感を縮めていくような言い方です。

もちろんI'll go to youでも同じ意味なので通じますが、**comeを使う方が相手の立場に立っており、思いやりがある響きがします。**

そのほかにも、Dinner is ready!（晩ごはんよ！）とお母さんに呼ばれたら **I'm**

⇨ 前ページの回答例　I'll see you after work.

coming! と答えるのが正解。このときI'm going! を使うと「ごはんも食べないであんたどこ行くの!!?」と、全力で突っ込まれる危険性があります。

さて、連結ランキングも見てみましょう。

１位の**come on**は「来て！カモン！」だけでなく、「またまた～」や「おい！」とツッコミにも使えるマルチフレーズです。ドラマでなんと1614回も登場しているので、１話見れば3回はcome onに出会えるはず。

また、日常会話で便利なのが６位の**come up with**（思いつく）。

思考の海の中からアイデアを持って（with）、水面に上がってくる（come up）イメージです。

他は基本的にはgoと同じ考え方で、**前置詞の方向性をイメージしながら視点を変えればよいだけです！**

▶ 海外ドラマではこう使われる！

TRACK 10

I'm gonna come to you. Ⓕ 9-17

あなたのところに行くわ。

あなたというゴール地点に向かっていくイメージ。

Come on, I'm serious. Ⓕ 6-8

もう！　本気で言ってるんだ。

本気で言ってるのに、茶化されたときのツッコミ。Come onは「おいで」という意味以外に、このようにツッコミにも使えます。

OK, I'm coming in. Ⓢ 4-7

よし、入るよ。

部屋に入る前に確認の一言。

I am so glad that you could come over tonight. Ⓕ 4-5

今夜は来てくれて本当にうれしいわ。

「来てくれてありがとう」の定番フレーズ。come overはだれかの「家」に行くときに特化して使います。couldは来ることを「選んでくれた」ニュアンス。

We should come up with a whole new last name. Ⓗ 2-22

新しい名字を考え出すべきだよ。

新しいアイデアを出すときは、come up withが便利です。

If I don't come back, tell my mom I love her. Ⓗ 6-1

もし戻らなかったら、母に「愛してる」と伝えておいて欲しい。

元カノに呼び出されたテッドがバーニーに別れの言葉（笑）。映画のセリフを引用したパロディーです。

１秒 英作文　「ニューヨークに行くからね」 ⇨ 答えは次のページ

動詞

11位

look

あなたの目にはどう映る？見た目の感想を言える単語。

連結ランキング

順位	連結	意味	回数
1位	look at	～を見る	972回
2位	look like	～のように見える	440回
3位	look for	～を探す	279回
4	look great	見た目がいけてる	91
5	look good	見た目がいい	89
6	look what	(何が～か) を見る	55
7	look who	誰が～かを見る	47
8	look forward to	楽しみに待つ	40
9	look in	～の中を見る	37
10	look up	見上げる	35

見ようと思って見るのがlook

lookの本質は【視線を向ける】です。

「seeと同じちゃうん！？」と思われたそこのママ。もう一度思い出しましょう。

seeは「意識的に見る」「自然と目に入る」どちらも使えますが、lookは**【自分が関心を持って視線を向ける】**なのです（→p.42）。

ドラマでとにかく出てきまくるのが、Lookと最初に言ってからセリフを続けるシーン。

Look, Ross, this really isn't easy. （ねえ、ロス、これホント簡単じゃないわよ）

 ⇨ 前ページの回答例 I'll come to New York.

「ねえ」、「なあ」みたいに**相手の注意を引く**出だしのフレーズです。

相手に視線を向けさせる、まさにlookの本質をついた使い方です。

ランキングを見てみると…**前置詞との連結が多い**ことに気づきますよね。

「視線を向ける」がlookの本質なので、視線を上なら**look up**、下なら**look down**、周りなら**look around**、振り返るなら**look back**のように**視線の方向を前置詞でコントロールできる**ので感覚的に使えるのです。

また、学校でもおなじみの**I look forward to seeing you**（会えるのが楽しみ）は、forwardが「前方」なので「会えるのを前向きに見ています」という感覚です。ちなみに友達と遊ぶ約束をしたときなどは、**I can't wait !**（楽しみ！）もよく使われ、ドラマではlook forward toが36回、I can't waitが60回登場していました。

lookを使えばほめ言葉も自由自在

さらに、僕がlookを愛してやまない理由をお教えしましょう。

I looked at her. She looks great.（彼女を見た。彼女はすてき）

このように、単に見るだけでなく**【私の目にはどう映るのか？】**という感想までもlookで言えてしまうからです。

She looks great.（彼女すてきに見えるやん）－形容詞を連結

She looks like Masami Nagasawa.（長澤まさみみたいやん）－like+名詞を連結

She looks like she stepped out of a fashion magazine.

（ファッション雑誌から出てきたみたいやん）－like+文を連結

1秒 英作文 「あなたはすてきに見える！」 ⇨答えは次のページ

なんと！形容詞、名詞、文とオールマイティに連結することができ、さらっとしたたとえから盛り盛りほめ言葉まで自由自在に言えてしまうのです。
34ページで紹介した**It's like 〜**は「〜っぽい」と全体的な感想を言いますが、**lookはあくまで「見た目」の感想を言える**のがポイント。
英会話するとき、英語が話せない以前に「そもそも何を話していいかわからない」ことがよくありますが、**会話のつかみにlookを使って気軽に相手や相手の持ち物の感想を言うだけで空気がなごみます。**
英語圏では相手が着ている物や持ち物を気軽にほめ合う文化があるので、相手と初対面でもOK。気楽な感じで使ってみてください！

五感動詞でもっと感想を言える。

lookを使えばいろいろな見た目の感想を言えますが、look以外の五感動詞で置き換えることもできるんです！

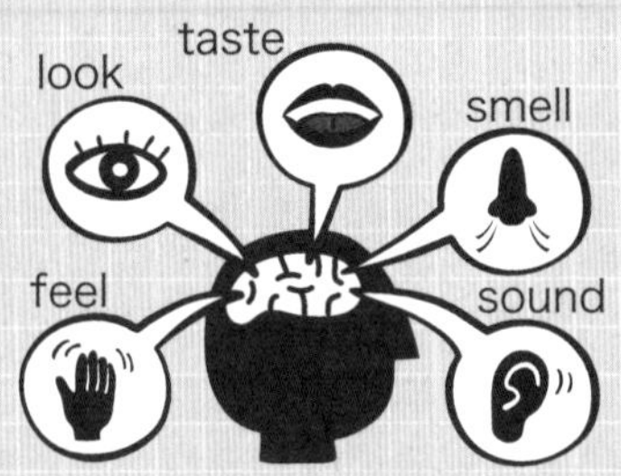

It looks great（すてきに見える）
It sounds great（すてきに聞こえる）
It smells great（いいにおい）
It tastes great（美味しい味）
It feels great（いい感触）

聴覚がsound、嗅覚はsmell、味覚はtaste、触覚はfeelと全て同じように使えます。
もちろんlikeをつけて、
It sounds like you like him.（彼を好きって言ってるように聞こえるわ）
It tastes like mango yogurt.（マンゴーヨーグルトみたいな味がする）
He smells like my father.（うちの親父みたいな匂いがする）
このようにたとえるのも自由自在。
さらに総合的に判断するときは、**It seems like this book will become popular**（この本は人気が出そう）…のように**seem**を使うこともできます。
I thinkは意見をいうイメージでしたが、五感動詞は「感想」。
気軽に感じたことを言い合えるので、ぜひ使ってみてください！

 ⇨ 前ページの回答例 You look great!

海外ドラマではこう使われる!

TRACK 11

Look at me and not the puppy. Ⓕ 4-11
私を見て。子犬じゃなくて。

大事な話をしているのに、子犬(puppy)に夢中なフィービーに一言。

Look what I found in the kid's room. Ⓗ 3-12
子ども部屋で見つけたの、見て!

「スケボーを見つけた!」という場面。具体的なモノをいきなり言わないのが会話のミソ。

Look, Ross, this really isn't easy. Ⓕ 10-1
ねえロス、これ本当に簡単ではないわ。

「ねえ」の呼びかけのlookです。

You look really beautiful tonight. Ⓗ 4-1
今夜、本当に君は美しいね。

【look + 形容詞】の形。これは使えますね。

I'm gonna look for Lily in the bathroom. Ⓗ 4-7
リリーを探しにトイレに行ってくる。

look forは「探す」。gonna = be going to(p.172)は自分の意思、報告。

I'll look forward to your call. Ⓕ 8-21
あなたの電話を楽しみにしてる。

look forward toで「〜を楽しみにしている」。相手に投げかける場合はgonnaよりもwillが使われます。

I would like to look like a beautiful princess. Ⓗ 1-16
私は美しい王女様みたいに見られたいです。

ウェディングドレスを選ぶシーン。「私」を主語にすると「自分が見られる」というニュアンスで言えます。

He thinks a little facial hair makes him look like Johnny Depp. Ⓗ 5-2
少しのヒゲでジョニーデップに見えると彼は思ってる。

テッドが若かりしころの情けない自分自身を"He"として回想するシーン。

1秒 英作文 「彼を見ないで」 ⇨ 答えは次のページ

動詞 12位

tell

投げたセリフが、受け止められるまでがtell。

連結ランキング

順位	連結	意味	回数
1位	tell＋人＋［文］	人に（文の内容）を伝える	285回
2位	tell＋人＋that	人に〜を伝える	207回
3位	tell＋人＋about	人に〜について伝える	182回
4	tell＋人＋what	人に（何が〜か）を伝える	167
5	tell＋a,an,the（名詞）	〜を言う	117
6	tell＋人＋to	人に〜するように言う	99
7	tell＋人＋something	人に何かを伝える	87
8	tell＋人＋how	人に（どのように〜か）を伝える	82
9	tell＋人＋why	人に（なぜ〜か）を伝える	26
10	tell＋人＋where	人に（どこに〜か）を伝える	19

さあ、sayに続いて登場の「吹き出し系５兄弟」が…tellです。

まずは上の連結ランキングを見てください。

なんということでしょう…ほぼ全て**【人に連結している】**のです!!

このランキングがtellの全てを語り尽くしています。

「言う」は「言う」でも**【相手に内容を伝える】**のがtellなのです。

つまり、壁に向かってボールを投げるのがsayであれば、投げたボールを相手がキャッチしてくれるのがtellということ。

tellのすぐ後ろにはキャッチャー、すなわち話し相手が連結します（tell＋人（話し相手）＋内容）。

その中でも海外ドラマでよく使われていたのが以下の３つのパターン。

⇨ 前ページの回答例　Don't look at him.

❶ **I'll tell him about it.**（それについて彼に言うつもり）
⬇
❷ **I'll tell him what I did.**（自分がしたこと彼に言うつもり）
⬇
❸ **I'll tell him I broke the watch.**（時計を壊したこと彼に言うつもり）

①→②→③と進むにつれて、相手に言いたいことがより具体的になります。
学校では**I'll tell him to get milk**（ミルクを買ってきてって彼に言うつもり）
のような【**tell＋人＋to**】を習いますが、この形式では**to以下の主語はhim（ボールを投げる相手）の場合しか使えません。**
このため、海外ドラマでは圧倒的に②、③のパターン（主語を自由に選べる）が使われるというわけなのです。
おねーちゃんの吹き出しを真剣白刃取りするおじさん…それがtellである。

海外ドラマではこう使われる！

TRACK 12

Tell me about it. Ⓕ 5-17
それについて話して。／わかるわ〜。
「それについてくわしく！」というフレーズ。「聞きたい！」という気持ちを込めた発音。学校では習わないもう1つの意味が、「ネガティブなことへの共感」を示す場合。

I told her I loved her. Ⓗ 2-12
愛してることを彼女に伝えた。
I told herが過去形なので、連結する文も過去形で合わせます。

I got to tell you the truth. Ⓗ 6-21
本当のことをあなたに言わなければならなかった。
got to（gotta）で「〜しなければならない（p.176）」。前フリで使えるフレーズです。

Barney wouldn't tell me how he found it. Ⓗ 9-22
バーニーはどうやって見つけたか私に言わないだろう。
左ページ②の【tell＋人＋5W1H＋文】の形のセリフです。

Ross, you didn't tell me you were a doctor. Ⓕ 9-13
ロス、医者だってあなた言わなかったじゃない。
左ページ③の【tell＋人＋文】の形のセリフです。

Tell her she looks good, tell her she looks good. Ⓕ 2-24
彼女に可愛いって言ってよ、可愛いって言ってよ。
ドレス姿のレイチェルを待つシーン。ひそひそと超高速でつぶやくロス。

1秒 英作文 「できないなんて言わないで」 ⇨答えは次のページ

動詞
13位 make

実行

こねくり回して強い力で生み出す単語。

連結ランキング

順位	表現	意味	回数
1位	make＋人	人に〜させる	872回
2位	make＋a,an,the (名詞)	〜を作る	716回
3位	make it	うまくいく、やり遂げる	442回
4	make sure	確かめる、確認する	116
5	make out	いちゃつく	101
6	make up	取り戻す、埋め合わせする	99
7	make fun of	からかう	51
8	make sense	意味をなす、道理にかなう	50
9	make love	セックスする	48
10	make jokes	冗談を言う	15

makeは「作る」ではない!?

「make って『作る』やん？　だれでも知ってるやん？」
そう思いながら海外ドラマを見ていると…
That makes sense!（なるほど！）、**Will you make sure?**（確認してもらえる？）、**We'll make it**（間に合うよ）、**You can make it**（できるさ）
「できるさ……って何も作ってないやないか!!!!」と全力で突っ込みたくなる、謎すぎるセリフがたくさん登場するのです。
「make＝作る」と覚えてしまうと使いこなすことはできません。

⇨ 前ページの回答例 Don't tell me you can't.

【何かに手を加えて、新たに何かを生む】

これがmakeの本質です。

日本語の「作る」は目に見えるモノを作るときにしか使いませんが、英語のmakeは**【目に見えない新たな状況、状態を作り出す】**の意味でよく使われます。

ここがわかれば、We'll make itは**なんとかしてitの状況を作り出す**というイメージから「電車に間に合う状況」を作ったり、先ほどの「できるさ」……つまり「何かを成し遂げる状況」も作れるのです。

「ん？　getに似てるような…(→p.22)」と思われた方は、さすがです。

getが「新しい状態になる」という**客観的な変化**を語る一方、makeは「**主観的に変化させる**」というイメージを語れるのです。

連結ランキングの第1位は…？

次に、連結ランキングを見てみましょう。

な、なんと**【人に連結するパターン】**が872回登場で、堂々の第1位です！

人を作るやと!?……ではなく**【make＋人＋動詞の原形】**で「～させる」。

高校で習ったときも、なぜmakeが「～させる」なのか僕はずっとわからなかったのですが……「こねくり回す」イメージを思い浮かべれば簡単でした。

I made him get angry（彼を怒らせた）だと、すごく機嫌のよかった彼を、無理やりいじりまくって怒る状態を作り出すイメージ。**He made me work overtime**（私を残業させた）であれば、働きたくないのに無理やり残業させられたというニュアンス。図にするとこんな感じ。

1秒 **英作文**　「あなたを幸せにできると思う」　⇨答えは次のページ

これって要するに… **【getの状態（変化）を作りだしている】** んです。
I make her happyのように、誰かによってよい状況を生み出す場合にも使えます。**【人に対して、新たな状況を生み出す】** というmakeの本質がそのまま表現されてますよね！

使役動詞makeとletの違い、わかりますか？

使役動詞（～させる）はletもよく使われますが、違い、わかるでしょうか？
She made me pay.（彼女は私に払わせた）
She let me pay.（彼女は私に払わせてくれた）
madeは私が無理やり払わされたニュアンスですが、letは伝票の奪い合いになって、「今回は私におごらせて！」のシーンです。どちらも「私が支払った」事実は同じですが…そこにある **【気持ち】が全然違う** のです。

私はおごりたいのか（want）、おごりたくないのか（don't want）。
つまり、**私の感情によって選ぶべき単語が変わってくる**ということなのです。
他にも会話で使いたいのが4位の**make sure**（確認する）。
Make sure to turn off the light（電気を消し忘れないように）のように、**わかってるやろうけど念押しで確認する場面**では**make sure**がハマります。普通によくわからないことを確認する場面ではcheckが使えます（→p.113）。

⇨ 前ページの回答例　I think I can make you happy.

▶ 海外ドラマではこう使われる！

TRACK 13

I didn't make it! Ⓕ 6-17

うまくいかなかった！

「できなかった、間に合わなかった、作れなかった、失敗した」などいろいろ使えます。

Don't make fun of me. Ⓢ 3-5

からかわないで。

イジられたときの、ツッコミフレーズとして使えます。

I will make them fall in love with me. Ⓕ 6-9

彼らに僕をホレさせるよ。

「彼女の両親に好かれるようにがんばる」というチャンドラーのセリフ。大げさにfall in love with meが使われています(笑)

Wait, that doesn't make any sense. Ⓕ 7-8

待って、それは全く筋が通ってないよ。

not 〜 anyで「全くそうじゃない」。強く主張するフレーズです。

I'm not trying to make Robin jealous. Ⓗ 1-19

ロビンに嫉妬させようとしてるわけじゃないんだ。

jealousは「ジェラシー」と言うように、「嫉妬している」状態の形容詞。形容詞を自由に着せ替え可能。

I just want to make sure you know that I really do like you. Ⓕ 10-9

これだけは言っておきたい、俺は君が好きだ。

主語3つの複文。「俺が君を好きだということがちゃんと君にわかってもらいたい」というニュアンスです。

Did you kiss somewhere else? — Like where, in a tree? …No!! We did not make out in a tree. Ⓗ 4-16

他の場所でキスしたの？ —他ってどこ？木の上とか？…ないない！木の上でいちゃついてないし。

HIMYMでよく見るノリツッコミです（笑）。make outは「いちゃつく」。

The only way to really know it's a mistake is to make the mistake. Ⓗ 1-21

本当にそれが失敗であることを知るたった1つの方法は失敗することです。

僕の好きなリリーが力説するシーン。make a mistakeで「失敗する」。これもよく出ます。

1秒 英作文 「あなたが大丈夫なことを確認したかっただけ」 ⇨答えは次のページ

動詞
14位

love

感情

「愛してる…」じゃなく「めっちゃ好きやね〜ん！」。

連結ランキング

順位	表現	意味	回数
1位	love＋人	(人)がめっちゃ好き	997回
2位	be in love with	〜に恋してる	251回
3位	(would) love to	めっちゃ〜したい	199回
4	love that	それがめっちゃ好き	117
5	love + a,an,the (名詞)	がめっちゃ好き	105
6	love of	〜の愛	53
7	love it	これめっちゃ好き	29
8	love each other	思い合う、愛し合う	20

さすがラブコメの3ドラマとあって、loveが上位に食い込んでいます。

love＝「愛している」と覚えておくと、ふだん日本語で愛してるなんて言わない僕には全く使いどころがわからなかったのですが……

I love playing the guitar!（ギター弾くの、めっちゃ好き！）

I love Ghibli!（ジブリ、めっちゃ好き！）

I love Taylor Swift!（テイラースゥイフト、めっちゃ好き！）

みたいに、人だけに限らず気軽に「めっちゃ好き！」と言えるんです。

ドラマでもよくI love you! と挨拶がわりに使われるように、1位の**【love+人】**は上のイラストのように、恋人や家族、友人など同性でも親しい人に対して使います。

➪ 前ページの回答例　I just wanted to make sure you were OK.

ではもしあなたが、**本気で恋に落ちて告白する場合**は何と言えばよいと思いますか？

答えはこちら……**I'm in love with you.**

北米版『耳をすませば』の杉村がしずくに告白する神社のシーンでも使われており、be in loveで恋の中にいる状態のニュアンスを出せます。

他にはI would love toもよく使われます。I would like to（～したい）と同じように、「～したい」という意味ですが、より強い欲求「めっちゃ～したい！」というニュアンスが出せます。

海外ドラマを見て、loveの感覚をつかんでみてください！

海外ドラマではこう使われる！

TRACK 14

We love you. Ⓕ 2-20
いい子でね、愛してる。
weを使えるのが英語の特徴。小さい子どもへの別れのあいさつにも使われるのがloveです。

I love drunk Monica. Ⓕ 7-14
酔っ払ったモニカがめっちゃ好き。
drinkの過去分詞drunkは形容詞として使えるんです。

You still love me? Ⓕ 3-25
まだ私のこと愛してる？
恋愛ドラマでよく出てくるフレーズですね。

I think I'm in love with you. Ⓗ 1-1
あなたに恋しています。
会って間もないロビンにこのセリフを言って、全員から非難されるテッド。とっておきの「口説きの言葉」なのです。

You're in love with me. Ⓗ 4-24
君は僕に惚れている。
このセリフを堂々と言うバーニー。かっこいい。

I'd love to go with you. Ⓕ 3-14
あなたと一緒に行きたい。
would love toで強い希望が言えます。

I would love to, but I can't. Ⓕ 4-10
そうしたい、でもできないの。
相手をクビにしたいけどできないセリフですが、あらゆるシーンで使えそうなフレーズですよね！

1秒 英作文 「あなたのシャツ、めっちゃ好き！」 ⇨答えは次のページ

動詞
15
位

mean

思考

それはつまり？ 一言で言うと…の単語。

連結ランキング

1位 mean＋［文］
（文の内容）が言いたいことです
254回

2位 mean to
～するつもり
165回

3位 mean＋a,an,the（名詞）
～を意味する
97回

順位	連結	意味	回数
4	mean that	それを意味する	80
5	mean it	本気で言う	56
6	not mean anything	全く意味がない	39
7	mean for	～にとって意味をもつ	20
8	mean something	何かを意味する	16

僕がアメリカに住んでいたとき。親友のスタティスと英会話していると
「何言ってるのか、さっぱりわからん…!!!!」
毎日そう思うことばかりでしたが、そんなときに使いまくっていたのがドラマに126回も登場していたこちらのフレーズ。
What do you mean?（どういう意味？）
すると、彼は僕の質問に対して…
I mean we will go to Chicago tomorrow（つまり、明日シカゴに行くってこと）のように、**【I mean＋文】**の複文で答えてくれます。
「私は意味します」いうよりも、**「それはつまり…」**と要約するイメージ。
それでも、彼の言ってることがわからない場合は……

⇨ 前ページの回答例 I love your shirt!

You mean we will stay in Chicago?（それって、シカゴで泊まるってこと？）
のように、予想して見切り発車で質問するのもよくやっていました。
That means ～、I mean ～で後ろにどんどん説明を付け足していくことで、お互いの理解を深めていくのが英会話ならではの手法です。
さて、ランキングも見てみましょう。
2位に登場しているもう1つのmeanの使い方が、**mean to**。「意図する」というニュアンスがあり、海外ドラマではなんと**セリフの90%以上が否定形not mean toで登場していました**。
I didn't mean to scare you.（怖がらせるつもりはなかった）
のように、**「わざとじゃないねん」**の言い訳フレーズとして使えます。

海外ドラマではこう使われる！

TRACK 15

What do you mean? Ⓢ 4-11
それ、どういう意味？
最初にI'm sorry,をつけると丁寧です。

What does that mean? Ⓢ 2-15
それ、どういう意味？
What do you mean?と同じでよく使われます。

I know what you mean. Ⓢ 2-11
言ってることわかるよ。
Do you know what I mean—I know what you mean.はよくやる会話。

I mean, she's great and sweet. Ⓗ 4-1
つまり、彼女がすてきで可愛いってこと。
sweetは甘いだけじゃなく、人に対して使うとcute、prettyの意味に。

You mean it's like a girl-girl thing? Ⓕ 3-13
それって、レズみたいなやつ？
本の登場人物の名前で男と女がこんがらがったジョーイのセリフ。

What do you mean "What do we do?" Ⓕ 10-19
「どうする？」ってどういう意味？
双子が生まれることが判明したシーンで、テンパるチャンドラーに対してのモニカのセリフ。

I didn't mean to upset you. Ⓗ 6-6
君を怒らせるつもりはなかったんだ。
言い訳のmean。upsetは「動揺させる、怒らせる」ネガティブな動詞で会話頻出です。

1秒 英作文 「つまり、お互いを知っているということ」 ⇨答えは次のページ

動詞

16

位

take

実行

積極的に取り込む！ 変幻自在の主観的単語。

連結ランキング

順位	連結	意味	回数
1位	take + a,an,the (名詞)	～をとる、選ぶ	816回
2位	take + もの	～をとる、選ぶ、買う	544回
3位	take + 人	～を連れていく	439回
4	take care	気をつける、面倒を見る	153
5	take off	～を脱ぐ、離陸する	139
6	take out	取り出す	26
7	take away	片付ける、連れ去る	21
8	take over	～を引き継ぐ	18
9	take advantage	うまく利用する	15
10	take down	下ろす、コンテンツを削除する	13

takeの本質とは、いったい何か？

ついに出ました！ 基本単語のラスボス的存在takeです。
中学校のころ僕が一番苦手だったtake。
「獲得する」「連れていく」「写真を撮る」「体温を測る」など、「とる」だけでは理解できないいろいろな意味があって、「結局なんやねん！？」とモヤモヤしていました。takeの本質とは一体何か？

その答えは……**「積極的に自分のところに取り込む」**です。

 ⇨ 前ページの回答例 I mean we know each other.

まずは、最初の方に出てきたgetを思い出してください。
takeは取り込んだ結果**【haveの状態】**になるので、ニュアンスとしてはgetに近い。ですが、なんと言ってもtakeは**【積極的】**なのです。
たとえば、**I got a pen**であれば「そんなに欲しくなかったけどペンを手に入れた」という可能性もありますが、**I took a pen**であれば、「自分が欲しくて手に入れたぜ～！」というニュアンスを出せるんです。
I took the pictureは景色をカメラの中へ取り込むイメージですし、**Take me to the party!**は「私を積極的にパーティーへ取り込んで（連れてって）」になります。
すなわち、**【takeするときの気分は、多くの場合「want」】**なのです。
英会話では「主観」が大事なのですが、takeはまさに**【The主観】**のような存在の単語なのです。

「服を脱ぐ」と「飛行機が離陸する」が同じやと!?

次に、連結ランキングを見てみましょう。
前置詞との組み合わせで使われるイディオムが多いですが……ドラマ頻出、4位**take care**と5位**take off**の２つをまずは覚えてください。
まず、**Take care!**は、お別れのときに使う定番あいさつです。「お大事に」「気をつけて～！」など思いやりのフレーズとして使えます。
そして5位の**take off**は……イラストをみてみましょう

1秒 英作文　「君が、君自身を大切にしなきゃだよ」　⇨答えは次のページ

ドラマでは服を脱ぐシーンで多く使われてましたが、「離陸する」、「出発する」、「休暇をとる」、「取り去る」、「脱ぐ」、「外す」、「化粧を落とす」、「切断する」、「髪を切る」、「連れ去る」、「体重を減らす」、「値引きする」、「メニューから外す」…なんと全部**take off**で言えるのです。

「『服を脱ぐ』と『離陸する』が同じやなんて、意味わからんすぎる!!!」

…と叫びたくなるのですが、これこそが魔法のような英語の世界です。

takeも守備範囲が広いので、前置詞と合わせてイメージすることが大事。

日常生活で使えるものが多いので、使いながら身につけていきましょう！

お願いするときのtakeとhaveの使い分け

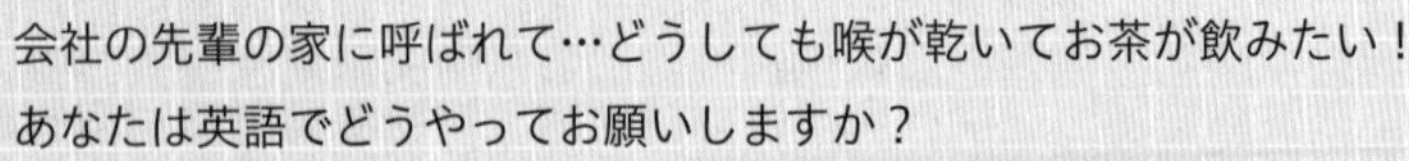

会社の先輩の家に呼ばれて…どうしても喉が乾いてお茶が飲みたい！

あなたは英語でどうやってお願いしますか？

Can I take tea? は相手のものを取る主観的ニュアンス、

Can you give me tea? はこっちに与えてもらうニュアンス。

どちらも意味は通じますが、家族や友達以外には普通は使いません。

答えは……**Can I have tea ?** (Can I get ～？もアメリカで使われます)

Can I takeと比べて、「持ってる状態になってもいいですか？」という控えめなニュアンスになるの…わかりますでしょうか？

実は、haveのように抽象度の高い言葉を使うことは、行動をあいまいに言えるということ。それは、控えめで丁寧な表現になるということです。

たとえば日本語で、「冷蔵庫の冷えた麦茶をグラスに注いでもらって、氷二個入れてこのテーブルまで運んでいただけますか？」

…何様!!!!?? って思いますよね。**具体的にすればするほど失礼に響くのです。**なぜか？……**【命令になるから】**です。

Can I have something to drink? (何か飲み物をいただけますか？)

このように、「tea」と具体化しない方がより丁寧ですよね。

すなわち、**あいまいで抽象度を上げるほど、相手に可能性と選択肢を与えることができるの**で、マイルドにお願いできるということなのです。

「はっきりと物申すのが英語」だと僕も勘違いしてましたが…基本単語を使いこなすことで、会話力を高められることを本当に実感しています。

⇨ 前ページの回答例 You gotta take care of yourself.

海外ドラマではこう使われる！

TRACK 16

I'll take care of it. Ⓕ 7-14
なんとかするよ。

人の面倒を見るときだけでなく、「まかせて」といういろいろな場面で使えます。

Take it or leave it. Ⓢ 3-9
それで嫌なら、あとは勝手にして。

Take（とるか）leave（捨てるか）。決心してくれ、と交渉の最後に使われるフレーズ。サマンサらしい「凄い」シーン。

I made him take me out to dinner. Ⓗ 6-3
彼に僕をディナーに連れて行かせた。

makeを使うことで、彼に行動させるイメージです（→p.53を復習してね）。

I'm not gonna take off my ring. Ⓗ 1-3
この指輪を外すつもりはないわ。

take offは「（服を）脱ぐ」だけでなく、「（指輪や時計を）外す」のにも使えます。

Why would they take away our keys? Ⓕ 8-3
なぜ私たちの鍵を取りあげるんだろう？

awayはoffよりももっと遠くに離れるイメージなので、take awayで「取り上げる」。

We'll take over your wedding. Ⓗ 4-5
あなたの結婚式をとりまとめるよ。

take overは「管理する、引き受ける」という意味で使われます。

We really don't take advantage of living in the city. Ⓕ 3-5
俺たちって、都会を満喫してないよな。

advantageは「長所」なので、ふだんその長所を活かしてないというニュアンス。

The ATM will only let you take out $300 ... so I'll take a check for the other $100. Ⓕ 6-19
ATMは300ドルのみ引き出せるから……残りの100ドルは小切手でもらうよ。

ATMから「お金を引き出す」のもtake outが使えます。
a checkは「小切手」。アメリカでは普通に使います。

1秒 英作文 「セーター脱いだら？」 ⇨ 答えは次のページ

動詞

17

位

let

伝達

絶対にそれをしたい。会話力の単語。

連結ランキング

順位	連結	意味	回数
1位	let＋人＋動詞の原形／前置詞	人に～を許可する	1064回
2位	let＋it＋動詞の原形／前置詞	それを～を許可する	87回
3位	let＋a,an,the（名詞）	～にさせてやる	62回
4	let go	手放す	48

〖let me の連結ランキング〗

順位	連結	意味	回数
1	let me see	見せて	74
2	let me get	getさせて	49
3	let me ask	聞いてみたいんだけど	37
4	let me tell	言わせて	36
5	let me know	知らせて	24

アメリカに渡って仕事がはじまって間もない頃。

Please let me know.（知らせてね）

秘書のロリにしつこく何度も言われ、知らぬ間に身につきました。

「let ってイマイチ使い方がわからんな～」と思っていましたが、人と人とのやりとりで使われる**コミュニケーションフレーズ**と考えれば簡単です。

先ほど登場したmakeは「外部から変化を加える」意味でしたが（→p.52）、letの本質は…**「許可」**。OKを出して人を行動させる単語です。

たとえばデートで食事の後に使える**Let me pay**（払わせて）。

payすることを許可して欲しい……つまり**【私の気持ちはpayしたい】**ということがletを理解する最大のポイントでしたね。

⇨ 前ページの回答例　Why don't you take off your sweater?

そして、自分がしたいことをわざわざ相手にたずねるシーンとは、**【したいことを普通はしないシーン】**です。この場合、食べたものは自分で払うのが普通なので、Let meを使ってお願いする必要があるということです。
Can I pay?も近いですが、Let me payの方が相手に**Noを言わせない強引さ、頼りがい**を感じさせます。
letと言えば……アナ雪の「Let It Go」もはやりましたよね〜。「it」を「go」させるのを許可する？　このitは「エルサの秘めた力」、goは「離れていく」なので、「秘めたる力を解き放させよう→ありのままの姿見せるのよ」となるのです。

海外ドラマではこう使われる!

TRACK 17

Well, let me tell you something. Ⓕ 9-8
ちょっと言わせて欲しい。
「私が話すのを聞いて欲しい」という前置きのクッションフレーズ。

Let me get you another glass. Ⓕ 3-2
新しいグラスを出すわ。
glass of wine、glass of beerなどをつければ、「もう一杯おごるよ」という意味にも。

Let me tell you where I'm at. Ⓗ 5-10
私がどこにいるか言わせて。
バーニーが今いる「場所」を語ってます。物理的な場所だけでなく、会話の流れや心のステージなども言えます。

Just let it go, man. Ⓗ 2-6
もうあきらめようぜ。
落とせない女性に執着するバーニーに向けた一言。let it goは「執着を手放す」意味で使えます。

Let go of my hand! Ⓕ 2-6
私の手を離して！
強く握られた手を「離して！」という言い方。

There's no way I'll let you drive this car. Ⓕ 7-22
あなたに運転させるなんてありえない。
there's no wayは驚きの感情フィルター。後ろに文をつけられます。

I had to let go of dreams I didn't even know I had. Ⓗ 7-13
持ってることにすら気づかなかった夢を手放さなければならなかった。
妊娠できない身体だと知って初めて、自分が子どもを欲しかったことに気づいたというロビンの本心の言葉。中学単語だけでこれが言えるのです。

1秒 英作文　「それについて考えさせて」　⇨答えは次のページ

動詞
18
位

thank

感情

thank you だけやなく、何に感謝するのか言えれば最高。

連結ランキング

順位	連結	意味	回数
1位	thank you	ありがとう	1203回
2位	thanks for	～をありがとう	202回
3位	thank god	ああ助かった、よかった	143回
4	thanks to	～のおかげで	34
5	thanks again	あらためて、ありがとう	19
6	thank me	感謝してよね	12

〖 Thank you の連結ランキング 〗

順位	連結	意味	回数
1	Thank you for	～をありがとう	102
2	Thank you so much	本当にありがとう	52
3	Thank you very much	どうもありがとう	24

アメリカに住みはじめてしばらくたって…同じアパートに住んでいたネパール人の同僚に歓迎パーティを開いてもらいました。

もちろん僕は全然英語を話せなかったし、何言ってるのか全然わからなかったけれど……ものすごくやさしく接してくれ、彼の奥さんにネパール料理を振舞ってもらい、本当に楽しい時間を過ごしました。

そして数日後。道でたまたまその奥さんとすれ違ったので「こないだはありがとう！」と僕は心からお礼を伝えようとしたのですが……

…どんなに考えまくってもThank youしか出てこないのです!!!!（泣）

Thank you!　Thank you!　と連呼してましたが、会ってThank you って、い

⇨ 前ページの回答例　Let me think about that.

きなり何がセンキューやねんって話ですよね。

「こないだはありがとう」。ってあなたは言えますか？

とっさに英語が出てこないのは仕方ないですが、せめて感謝だけでもスムーズに伝えるようになりたい。その日、僕は本気でそう思いました。

Thank you for the other day.（こないだはありがとう）

Thank you for ～を使えば、**Thank you for taking me to the party** のように、何に感謝しているのか具体的に言うことができますよ。

海外ドラマではこう使われる！

TRACK 18

No, thank you. Ⓢ 3-17

いいえ、大丈夫です。

断るときのさらっと一言。

Joey, I really want to thank you. Ⓕ 7-15

ジョーイ、あなたに本当にありがとうと言いたいわ。

want toを使うことで、より丁寧に感謝を伝えられます。

Well, thank you for lunch. Ⓕ 7-11

ランチをおごってくれてありがとう。

このシーンではWait, I thought you paid.に続きます（笑）。

Thank you for watching the baby. Ⓕ 9-9

赤ちゃんを見てくれてありがとう。

具体的に感謝するフレーズ。watch「じっくり見る」も要チェック(p.42)。

Thank you for coming with me today. Ⓕ 10-13

今日は一緒に来てくれてありがとう。

お父さんのお見舞いに一緒に来てくれたロスにレイチェルが一言。

Thank you for believing in me. Ⓗ 3-19

私のことを信じてくれてありがとう。

大事な人に使う、よいフレーズですね。

Thank God that I'm not dating. Ⓗ 6-5

ああ神様、君と付き合ってないことに感謝します。

自分の彼氏のプライバシーを言いふらすロビンに対する、非難の言葉。

Thank you so much for making me do this. Ⓕ 9-13

私にこれをさせてくれて本当にありがとう。

人前で歌わせてもらったことへの感謝のセリフですが、いろいろな場面で使えますね！

1秒 英作文 「来てくれてありがとう！」 ⇨ 答えは次のページ

動詞

19位

talk

伝達

双方向に、会話のキャッチボールをする単語。

連結ランキング

順位	連結	意味	回数
1位	talk about	～について話す	935回
2位	talk to	～に話しかける, ～と話し合う	830回
3位	talk with	～と話をする	22回
4	talk in	～で話す	18
5	talk on	話し続ける	16
6	talk＋人＋into	人を説得して～させる	9
6	talk＋人＋out	人を～しないように説得する	9

さて、やってまいりました。「吹き出し系５兄弟」シリーズ第３回目。

say、tellに続く３つめが……**talk**です。

talkは「話をする」という動詞ですが、sayやtellとは大きく違う部分があります。それは……**【双方向のやりとり】がコアイメージ**であるところ。

一方向であるsayとtellとは違って、**【キャッチボールが成立している状態】**、それがtalkの本質なのです。

連結ランキングを見てみましょう。

talk aboutと**talk to**の２大巨塔がほとんどを占めていますが……さて、あなたは**I wanna talk about you**と**I wanna talk to you**との違い、わかりますか？

⇨ 前ページの回答例 Thank you for coming!

I wanna talk about you（あなたについて話したい）は話す内容。
I wanna talk to you（あなたと話がしたい）は話す相手。
このように**【talk about＋内容 / talk to＋相手】**で、aboutとtoを使い分けるのがポイントです。
ドラマで使われまくりのフレーズは、**Can I talk to you for a second？**（少し話せる？）と**I don't want to talk about it**（それについては話したくない）の2つ。
会話を切り出したり、拒否したり、**会話そのものを動かすときにtalk**が使われています。こういったフレーズを上手に組み込んでいくことで、コミュニケーション力を高められますよ！

海外ドラマではこう使われる！

TRACK 19

But, I don't want to talk about it. Ⓗ 3-14
でも、それについて話したくない。
話したくないときは、さらっと言いましょう。

Just let me talk to her. Ⓕ 9-11
とにかく彼女と話をさせて。
「彼女と」なので【talk to＋人】が使われます。

Don't talk to me, don't look at me. Ⓗ 8-16
私に話しかけないで！　私を見ないで！
彼氏が浮気していると思い込んで、キレるシーン。

Let me talk about what I'm afraid of. Ⓢ 6-16
私が恐れていることについて話をさせて。
aboutの後ろにwhatをつなげれば、文も連結できます。

Joey, you never talked about that before. Ⓕ 9-19
ジョーイ、それについては今まで話してないよ。
never ～ beforeで「今までに一度も～ない」。

My last talk with Marvin was so lovely. Ⓗ 6-14
マービンとの最後の会話は本当にすてきだった。
名詞のtalk。亡くなった父との最後の会話についての泣けて笑えるエピソード。ぜひ見てみてください。

1秒 英作文　「あなたの夢について話そう」 ⇨ 答えは次のページ

動詞
20位 call

自分の声を遠くへ届ける単語。

連結ランキング

順位	連結	意味	回数
1位	call + 人	人を（〜と）呼ぶ、人に電話する	871回
2位	call + a,an,the（名詞）	〜を呼ぶ	164回
3位	call it	それを（〜と）呼ぶ	141回
4	call to	〜の用件で電話する	38
5	call for	〜を求める、〜を必要とする	36
6	call from	〜からの電話	22
7	call in sick	病欠の連絡をする	9
7	call off	中止する	9

さあ、「吹き出し系５兄弟」シリーズ。第４回目は…callです。
callといえば、ナースコール。そのコアイメージとは何か？
それは……**【自分の声を遠くへ届ける】**です。
callは、tellやtalkよりも遠くへ話しかけるイメージであり、声を届ける相手はもちろん人なので、**人へと連結するパターンが圧倒的に多い**です。
ドラマでは、『FRIENDS』の電話するシーンで何度も登場していました。
I'll call you later（あとで電話するね）、**Call me back**（あとで折り返して）、名詞形で**You have a call**（電話やで〜）のように言うこともできます。
そしてcallといえば…中学校のテストで必ず出てくるのが**【call + A + B】**の第５文型。ドラマでは**You can call me Buttercup**（キンポウゲと呼んで）の

⇨ 前ページの回答例 Let's talk about your dream.

すてきシーンもありますが、日常で使えるのは初対面のときぐらいですね。

日常会話必須！吹き出し系5兄弟のまとめ

	say	tell	talk	call	ask
コア	内容を発する	内容を伝える	双方向やりとり	遠くへ届ける	聞いてみる
連結	say+文	tell+人+[that / 5W1H / if]+文	talk about +内容 talk to +人	call+人	ask+人+[that / 5W1H / if]+文 ask+人+to ～
イメージ					

海外ドラマではこう使われる！

TRACK 20

I'll call you back. Ⓕ 2-7
あとで折り返し電話するよ。
backをつけることで、かけなおすニュアンスに。

You didn't even call. Ⓢ 4-5
電話さえしてくれなかったじゃない。
evenを入れることで、「電話くらいするべきじゃない？」という非難の気持ちを出せます。

You made us call you "Bea"? Ⓕ 3-4
あなたは私たちに「ビー」と呼ばせてたよね？
小さいころの弟をイジるモニカ。makeとcallを組み合わせれば、こんなセリフも作れます。

The forecast calls for rain. Ⓗ 8-23
天気は雨と予報している。
「目的をもって（for）呼びかける（call）」＝「予報する」。call forもよく出てきます。

Call off the roommate search. Ⓕ 6-3
ルームメート探しは中止。
「離れていく（off）ように呼びかける（call）ということから、call offは「中止・中断する、やめさせる」という意味。

I'm on a call. Ⓕ 7-15
電話中なの。
名詞のcall。電話中に横でうるさい相手に一言。I'm onは進行中のことを言えます。

Joshua, give me a call sometime. Ⓕ 4-16
ジョシュア、ときどき電話ちょうだいね。
give me a call、give me your nameなど、【give me＋名詞】は便利です。

1秒 英作文 「明日電話するね」 ⇨ 答えは次のページ

動詞

21位

need

感情

客観的かつ冷静に未来を想像する単語。

連結ランキング

順位	連結	意味	回数
1位	need to	～する必要がある	843回
2位	need＋人	～が必要である	418回
3位	need＋a,an,the（名詞）	（人）が必要である	197回
4	need＋所有格（yourなど）	～の…が必要である	83
5	need some	いくつかの～が必要である	74
6	need help	助けが必要である	30

〖 need toの連結ランキング 〗

順位	連結	意味	回数
1	need to talk	話す必要がある	102
2	need to be	～される必要がある	76
3	need to get	～を得る必要がある	67
4	need to know	～を知る必要がある	57

「ブロンド美女と付き合うためには、英語ペラペラになる必要がある」。

「…付き合いたいねん!!」がwantであることをすでに紹介しましたが（→p.38）、wantの次の段階に出てくる気持ちがこの**need**なのです。あなたはwantとneedの違いを明確に説明できますか？　4秒くらい考えてみてください。

その違いとは……ズバリ**【主観と客観】**。

たとえば**I want to talk**と**I need to talk**は、どちらも話を切り出すときにドラマで何度も登場するフレーズです。

wantは「別に話さなくても困らないけど、私は話したいから話そう（主観）」と

⇨ 前ページの回答例　I'll call you tomorrow.

いうこと。wantは子どもが自分の感情のままに使うイメージです。

しかし、needはその場の状況を**客観的に判断する冷静な言葉**。「目的を達成するために話す必要がある、だから話をしよう」という淡々としたイメージ。wantと同じく、**needも未来を創造するエネルギーとなる単語**です。

have toもneed toに近いですが、needの方が「義務感」は弱めなのが特徴。ドラマでは**We need to talk**.が何度も登場しますが、weを主語にすることで連帯感を生み出すのは英語特有でおもしろいな〜と思う感覚です。

We need toと言えば、思い出すのがアメリカ時代の上司の言葉……次の文を日本語に訳しなさい。

(問題) We need to clean up the room.

答えは……「お前ら掃除しろ」(笑)

海外ドラマではこう使われる!

TRACK 21

I need to get out of here. Ⓢ 1-8
ここから出る必要があるわ。
【get out of + 場所】との組み合わせ(p.22)。

I need to borrow some money. Ⓕ 9-16
お金を借りる必要があるんだ。
お金を借りるような切実な場面では、want toよりもneed toがフィットします。

We really need to get on this flight. Ⓗ 2-15
この飛行機に乗る必要がある。
飛行機に乗るは【get on】。これも使えそうなフレーズですね。

Why do they need to get married? Ⓕ 2-11
どうして彼らは結婚する必要があるの?
またもやgetとの組み合わせ。needとgetの2つの動詞でいろいろ言えますね〜。

We need help! Ⓗ 9-10
助けが必要だ!
helpは名詞。私たちが「助けられたい」ということ。私たちが助ける場合はWe need to help.

You'll need help getting home. Ⓢ 2-18
家に帰るのに助けが必要だろう?
ミランダを送るスティーブのセリフ。このhelpも名詞です。

I know they need to make their decision today. Ⓗ 2-15
彼らは今日決める必要があることを知ってる。
decideの代わりにmake one's decisionを使うことで「何を決めるか」具体的に言わなくてもよいので、いろいろな場面で使えます。

1秒 英作文 「入れるかどうかを知る必要がある」 ⇨ 答えは次のページ

動詞

22

位

実行

wait

「待てよ！」
「楽しみすぎて待て～ん!!」の単語。

連結ランキング

順位	連結	意味	回数
1位	wait for	～を待つ	301回
2位	wait a minute	ちょっと待って	178回
3位	wait to	～するのを待つ（ほとんどは I can't wait）	90回
4	wait a second	ちょっと待って	53
5	wait till	～するまで待つ	46
6	wait until	～するまで待つ	35
7	wait up	寝ないで待つ	14
8	wait here	ここで待ってて	11
9	wait in	～で待つ	10
10	wait at	～で待つ	6

「待てよ！」。キムタク風にだれかを追いかけて叫ぶなら**Hey, wait up!** ですが、普通のテンションで「ちょっと待ってな」と言うドラマシーンでは、**wait a minute**（178回）、**wait a second**（53回）の２つのフレーズがほとんどを占めていました。

「…待ち時間の長さで使い分けるのか！？」と思われるかもですが、英語ではminute、secondは１分、１秒だけでなく、「少しの間」の意味があるのでどちらも同じように使うことができるのです。

次に、連結ランキングを見てみましょう。ダントツ１位が**wait for**！

「待つ」ということには必ず目的があるので、「目的」の前置詞forを使って、I'll wait for you（待ってるわ）のように待つ対象である「だれか／何か」を連

⇨ 前ページの回答例　I need to know if I can get in.

結してセリフを組み立てます。

また、待つということは必ずそこに **【時間の流れ】** がありますよね。

I'll wait for her until nine at the statue of Hachiko.

(ハチ公前で彼女を9時まで待とう)

このように、**I'll wait till / until**を使って、「～まで待つ」という待ち時間を言うフレーズも5位、6位にランクインしています。

さらに、waitを使ったもう1つの超重要フレーズが **【I can't wait】**。

待てないぐらいにそれがしたい、つまり「楽しみ」という感情を表現できる……

そう、look forward toと同じように使えます (→p.47)。

海外ドラマではこう使われる!

TRACK 22

Wait a minute. Ⓕ 9-21

ちょっと待って。

wait a minuteは178回、wait a secondは53回登場。「ちょっと待って」のニュアンスです。

Now we just wait for a call. Ⓕ 10-7

まさに今、電話がかかってくるのを待ってる。

【wait for + 名詞】の形です。

I can't wait to see the photos! Ⓗ 9-18

その写真を見るのが楽しみ!

【I can't wait to + 動詞の原形】の形で「～するのが楽しみ」。

Can't wait to see you. Ⓕ 5-3

あなたに会えるのが楽しみ。

I can't wait to see you.と同じ。口語ではIを省略して言うこともあります。

Can you wait till tomorrow? Ⓕ 4-3

明日まで待ってもらえる?

waitはkeepと同じく一定時間があるので、till (～まで) との相性抜群です。

Grandma, Grandpa, don't wait up. Ⓗ 1-5

おばあちゃん、おじいちゃん、寝ないで待つ必要はないよ。

一緒に夜遊びに出かけてくれないリリーとマーシャルへの皮肉の言葉。

It's gonna be legen — wait for it — dary! Ⓗ 2-22 ～ Ⓗ 3-1

それはきっと…伝説のはじまりだ!

訳すと意味不明ですね (笑)。バーニーの決めゼリフ。wait for itで緊張を生んでいます。

1秒 英作文 「この映画を見るの楽しみ!」 ⇨ 答えは次のページ

動詞
23
位

give

渡す、貸す、あげる、教える。自分から離れれば全部give。

連結ランキング

順位	連結	意味	回数
1位	give＋人	人に与える、手渡す	1342回
2位	give it	それを与える、手渡す	180回
3位	give up	あきらめる	172回
4	give + a,an,the（名詞）	～を与える	109
5	give birth	出産する	24
6	give to	～に与える、手渡す	17
7	give away	手放す、譲る	11

自分から出したものが遠くに離れるイメージ

giveで思い浮かべていただきたいのが…「ギブアンドテイク」。
takeは「積極的に取り込む」でしたが、giveのイメージはまさにtakeの逆。
……**【自分のところから何かを外に出す】**がgiveのイメージです。
さあ、ランキングを見てみましょう。ぶっちぎり１位が**【give+人】**の形！
人が連結するということ、つまり、**【与える】**ということです。
「人に連結しまくる動詞って、たしか出てきたような…」
そう、吹き出し系のtellがgiveに似ています。
【tell / give→相手→与える何か】。同じ順番で言えるんです。
tellは「目に見えない言葉」を渡しますが、giveは**I will give you this watch**（この時計をあげるよ）のように「目に見えるモノ」から、**She gave me a surprise**

⇨ 前ページの回答例　I can't wait to see this movie!

（彼女がサプライズしてくれた）のような抽象的なこと、**Can you give me your name?**（名前をいただけますか）のような情報まで、**「外に出す」のであれば何でもOKなのが特徴**。さらに、自分から離れていくのがgiveなので、かばんを「渡して欲しい」ときも、「貸して欲しい」ときも、「自分のものにしたい」ときも全部 give me the bagで言えます！

海外ドラマではこう使われる！

TRACK 23

Give it! Ⓗ 1-17
返せ！
取り上げられたラブレターを「よこせ！」と怒るシーン。そう言うのか〜と納得。

Give me a second. Ⓗ 9-21
少し時間をちょうだい。
wait a secondと同じ意味でも使えるし、説明する時間が欲しいときにも使えます。

I'll give you a call. Ⓗ 5-8
電話するね。
callは名詞。I'll call you. と同じ意味です。

Do not give him any money! Ⓕ 6-19
彼にお金をあげたらダメ！
not + anyで「一銭もあげたらダメ」という強調文に。

I'll give up my ticket. Ⓕ 6-22
僕のチケットはあきらめるよ。
本当は行きたくない展覧会を断るのに、わざとgive upと言ってるシーン。

She is ready to give birth. Ⓕ 1-23
彼女は出産する準備ができている。
give birthで「出産する」。【be ready to + 動詞の原形】も覚えておくと便利です。

Just give away most of your power. Ⓢ 2-15
あなたの力の限りを与えればいいだけよ。
男を喜ばせる方法について語る、ミランダのセリフ。

1秒 英作文 「もう一回だけチャンスをちょうだい」 ⇨ 答えは次のページ

動詞 24位

work

すべてはworkしているか workしていないかのどちらかである。

連結ランキング

順位	連結	意味	回数
1位	work out	運動する、うまくいく	173回
2位	work on	～に取り組む	139回
3位	work for	～で働いている	106回
4	work with	～と一緒に働く	73
5	work in	～で働く	63
6	work at	～で働く	55
7	work together	一緒に働く	16
8	work of	～の作品、仕事	11
9	work up	いらつく、食事を準備する	10
10	work hard	一生懸命働く	9

アメリカに住んでるとき、「なんてすてきな動詞やねん!!」と超感激した便利な動詞……それがworkです。

日本語の「働く」だと、「仕事する」という意味でしか使いませんが、workには**【正常に機能する】**という意味があり、**何らかの効果をもたらす動きをしているものには全部workが使えます。**

機械が動かなくなったら　**It doesn't work.**

家の冷凍庫が壊れて修理してもらうときも　**It doesn't work.**

何かの問題点を突っ込むときも　**Does it work?**

……とにかく世の中のほとんどのものはworkしているかworkしていないかである、ということにある日僕は気づいてしまったのです。

⇨ 前ページの回答例　Just give me one more chance.

旅行先のホテルのシャワーが出ないときなど、細かく英語で説明できなくても、**It doesn't work!!** とひとこと言えば、ホテルのフロントの人に伝わります。さらにworkは**It worked**（うまくいった）、**It wouldn't work**（うまくいかんやろ）というように「うまくいく」という、これまた大ざっぱな意味で使えます。**つまり、workとは動作そのものではなく、動作が「うまくいってるかどうか」**を語る言葉ということ。**I have a problem with**（→p.20）と同じように細か〜い説明が描写できなくても伝わる、魔法のような単語なのです。

海外ドラマではこう使われる！

TRACK 24

And did it work? Ⓗ 6-7
それ、効果あったの？

うるさい教室を静かにするために、ある「試み」をするテッド。その結果をたずねるリリーのセリフです。

It still doesn't work. Ⓕ 6-1
まだ壊れてるけど。

直そうと試みたけど開かないドア。It doesn't work.はほんまに便利です。

You think that would work? Ⓗ 6-9
それはworkすると思う？

新しいことを試みるとき、「workする（効果ある）」かな〜と広く使えます。

I can work on a new accent. Ⓕ 3-4
新しいアクセントでも取り組めるよ。

work onは自分の技術向上のために励むニュアンス。イタリアなまりの英語でこのセリフを言うジョーイがおもろいです。

I do not want to work for GNB again. Ⓗ 6-3
GNBでは二度と働きたくない。

work forで、どこで働いてるかを言えます。

You wanna work out? Ⓕ 2-7
運動しない？

「ワークアウト」って言うように、「運動する」という意味でworkが使われます。

I know we didn't work out the first time and I know it doesn't make any sense but I can't shake the feeling that we belong together. Ⓗ 7-1
最初うまくいかなかったし、それが全く意味をなしてないこともわかる、だけど、2人が特別だという感情を振り払えないんだ。

「うまくいく」のwork out。バーニーが復縁を申し出る超切ないシーン。make senseもshake the feelingも要チェック。

1秒 英作文 「うまくいかなくてごめんなさい」 ⇨答えは次のページ

動詞 25位

feel

感情

ナチュラルに感情を表現できる、大人な単語。

連結ランキング

順位	連結	意味	回数
1位	feel like	～したい、～な気がする	325回
2位	feel + a,an,the（名詞）	～を感じる	112回
3位	feel so	そう感じる、強く～と感じる	103回
4	feel better	具合がよくなる	97
5	feel bad	調子が良くない、悪いと感じる	89
6	feel about	～について感じる	60
7	feel good	いい気分である	57
8	feel guilty	うしろめたいと感じる	30
9	feel terrible	つらさを感じる、ひどいと感じる	24
10	feel right	納得感を感じる	21

英語を自分のモノとして使えるようになるには、とにかく**【英語で自分の感情を伝えられるようになること】**が1つの大きなカギです。

そして、feelはまさにあなたの感情を表現するために必須の単語。

ランキングを見てみると…海外ドラマで一番よく使われるのが**feel like**。

学校ではfeel like ～ingの形を使って**I feel like drinking coffee**（コーヒーが飲みたい気分）と習うと思います。I want to drinkと同じく欲求を言うフレーズですが、want toははっきり「欲しい！」という、子どもが使うような言い方であるのに対し、**I feel likeはマイルドで大人な響きがします。**

また、ドラマでは**I feel like we don't talk anymore**（もうこれ以上話したくない気がする）のように後ろに文を接続し、**【意見フィルター】**として複文で使わ

⇨ 前ページの回答例　I'm sorry it didn't work out.

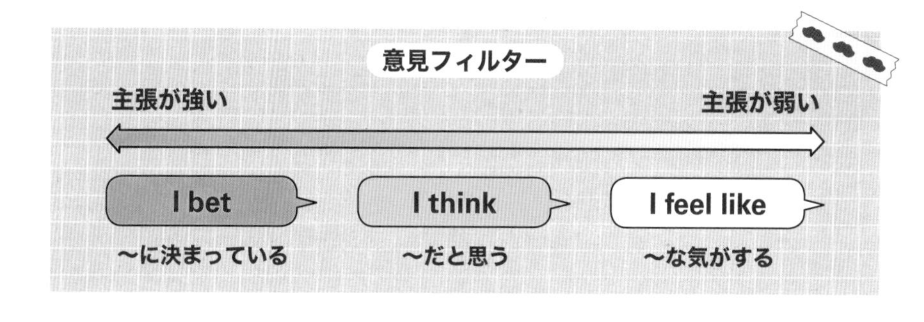

れることが多いです。

まずI feel likeを口に出して、そのあとに説明を付け足せば私の意見が言えます。I thinkよりもマイルドで気楽なニュアンスを出せるのです。

さらに、シンプルに**【feel＋形容詞】**の形も使えば、**I feel good**（いい気分）、**I feel happy**（幸せな気分）、**I feel sad**（悲しい気分）、**I feel bad**（気の毒に感じる）など、イラストのおじさんのようにいろいろな感情を表現できますよ～！

海外ドラマではこう使われる！

TRACK 25

I feel bad for Ted. Ⓗ 7-4
テッドに対してすまなく思っているんだ。
feel badは、「気分が悪い」だけでなく、同情や反省、後悔の意味でも使えます。

You feel better now? Ⓕ 4-16
気分はよくなったの？
feel betterで「気分が前よりよい」。体調を気遣うときにも使えます。

I'd feel better if I slept with Joey. Ⓕ 7-23
ジョーイと寝れたらよいだろうな。
仮定法I'd feel betterで妄想できます。

You feel like taking a test? Ⓕ 4-12
テストしてみたい気分かな？
feel like ～ingの形。「妊娠検査薬を使ってみる？」というシーンです。

I feel like I haven't seen you in a month. Ⓗ 1-17
1か月間あなたを見てなかった気がするよ。
久々に会う相手に使えます。

I feel like my head's gonna explode. Ⓕ 6-20
俺の頭が爆発しそうって感じだよ。
面接まで時間がないときの（チャンドラーの）ナーバスなセリフ。

1秒 英作文 「前にここに来たことがある気がする」 ⇨答えは次のページ

動詞
26
位

happen

感情

想定外のハプニングが起こる、感情揺れる単語。

連結ランキング

順位	フレーズ	意味	回数
1位	happen to	～に起こる、たまたま～する	333回
2位	happen with	～とともに起こる	53回
3位	happen when	～の時に起こる	30回
4	happen in	～で起こる	25
5	happen between	2人の間で起こる（性的関係など）	22
5	happen for	～のために起こる	22

〖 happen toの連結ランキング 〗

順位	フレーズ	意味	回数
1	happen to＋人	（人に）起こる	115
2	happen to be	たまたまある	19
3	happen to have	たまたま持っている	15
4	happen to know	たまたま知っている	11

ニュースではほぼ使われない、会話ならではの面白い動詞です。happenは「ハプニング」を思い浮かべてもらえればわかりやすいです。ハプニング、つまり何が起こっているかわからないけど何かが起こっているという**【想定外】**の単語、それがhappen。

ドラマでよく出るフレーズが、**What's happening?**（何があったの？）。

そして、ランキング1位は**happen to**。**I happen to see**（偶然会う）のように助動詞的に想定外を言えるフレーズ。run into（→p.112）と同じニュアンスですね。

Do you happen to remember Dr. Amasawa's first name?

➩ 前ページの回答例　I feel like I have been here before.

（もしかして天沢さんの名前わかりますか？）

…北米版『耳をすませば』のセリフですが、「知らなくても大丈夫だけど、もし知っていたら」という気持ちが込められています。

Did you happen to send an e-mail?（ひょっとしてメール送ってくれました？）

であれば、「送ってなくても大丈夫」という気づかいを表せます。どちらも**出だしのhappen toに「もしかしてだけど…」と相手を思う気持ちを込めて言うのがコツ**です。

さて、know（→p.26）でも話しましたが、日常会話では「よくわからないことがあるから」、心が動き、会話が生まれます。

言い換えると**何かがhappenしているから会話が生まれる**ということ。

日常会話の本質そのものがhappenであり、happenが上位にランクインしていることは、決してhappenではないのです。

海外ドラマではこう使われる！

TRACK 26

It's not gonna happen. Ⓕ 2-18

そうはいかないよ。

「そうはならない」、「期待しているようにならない」のニュアンスです。

How did it happen? Ⓗ 3-17

どうしたらこうなるんだ？

どのように起こったか普通に聞くだけでなく、予想外の展開が起こったとき、「いやいや、どうやって！？」のツッコミにも使えます。

We are never gonna happen, okay? Ⓕ 2-14

私たちは二度と何も起こらない、いいね？

よりを戻そうと歩み寄るロス、それに対するレイチェルの強力な一言。さらにロスはacceptをexcept（ただし例外は）に聞き間違えて……。

Did you talk to Marshall? — About what? — About what happened with us. Ⓕ 3-20

マーシャルに話した？——何を？——俺たちに起こったことについてだよ。

About what?とたずねるのもドラマでよく出てきます。about whatを使って答えればOK。

Did you happen to get her phone number? Ⓗ 1-13

もしかして、彼女の電話番号ゲットした？

それがほんまかうそかわからないときも、happen toが使えます。

We happen to have two very hot girls with us. Ⓗ 3-12

俺たちは、偶然にもかなりイケてる２人の女性と一緒だ。

happen toで、たまたま知り合った２人というニュアンス。

１秒 英作文 「なんで全部が私に起こるの？」 ⇨答えは次のページ

動詞
27
位

leave

離れていく結果、「残されるもの」に向けられる意識。

連結ランキング

順位	連結	意味	回数
1位	leave＋人	人を置いていく、人から離れる	234回
2位	leave＋a,an,the（名詞）	～を置いていく、～から離れる	233回
3位	leave it	そのままにしておく、ほっておく	62回
4	leave for	～に向かって出発する	36
5	leave in	～の間に出発する	33
6	leave at	～時に出発する	26
7	leave on	出しっぱなしにする	23

〖 leave のフレーズランキング 〗

順位	フレーズ	意味	回数
1	leave a message	伝言を残す	31
2	leave me alone	私をほっておいて	21
3	leave at the altar	直前で結婚しないことを決める	18

leaveを「出発する」と覚えていた僕は、ドラマを見るたびに「は???」…ってなってました。

leaveのコアイメージは……**【ある場所や人を離れる】**です。

「離れる」って、どこかで聞いたような……そう、動詞4位のgoが**【ある地点から離れていく】**であり、leaveのイメージはgoと同じなのです。

2つは何が違うのか？　その謎を解くためにランキングを見てみましょう。

1～3位に共通する特徴は**【人やモノが連結している】**という部分。

離れていった結果、そこに何かが残る。leaveは**「出発点」**に強く意識を向けた言葉だということ。goとの違いを図にしてみましょう。

⇨ 前ページの回答例　Why does everything happen to me?

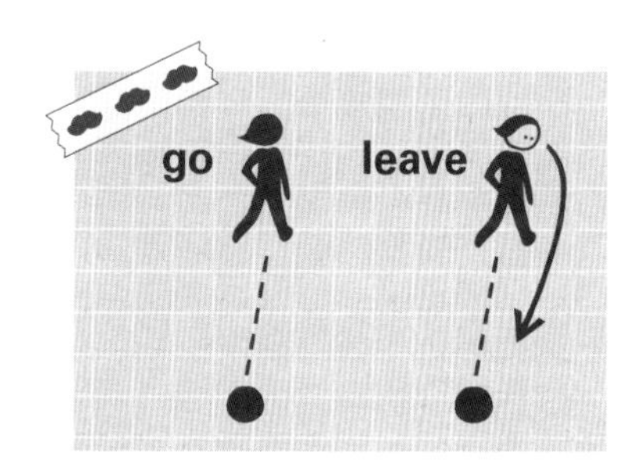

goはただ離れていく現象を言ってるだけですが、leaveは出発点に置いてく**【何か】**を認識しています。日本を出発するのも、傘をバスに置き忘れるのも同じイメージに当てはまるのがわかりますでしょうか？

また、goには方向性がないのでI will go Japanとは言えません。

I will leave Japan（日本を出発します）をgoで言うならば、**I will go from Japan**のように前置詞を使って方向性を出す必要があります。

さらに、leaveを使って**目的地**を言いたいときは**I will leave Japan for USA**（日本を離れてアメリカに向かいます）のように**for**を使えばOKです。

leaveは「残された何か」に意識があるので、ドラマでも**Don't leave me alone**（私を一人にしないで）のような切ないフレーズが多かったです。

海外ドラマではこう使われる！

TRACK 27

I can't leave her. Ⓕ 7-8
彼女を置いていけない。

leaveの後ろに名詞を入れて、あなたが置いていけないものを言ってみましょう。

Leave me alone. Ⓗ 1-8
1人にさせて。

「ほっといて、そっとしといて」と、けんかのシーンでよく使われます。

I never want to leave you again. Ⓕ 9-10
君を二度と離したくないんだ。

「あなたを置いていきたくない」、という心のこもったセリフ。

We have to leave for the airport soon. Ⓕ 10-13
空港に向けて、まもなく出発しなければならない。

「空港を出発する」ではなくて「空港に向けて出発する」。forの後ろが目的地。

Who did you leave a message with? Ⓕ 7-13
あなたはだれにメッセージを残したの？

leave a message（伝言を残す）もよく使うので覚えておきましょう。メッセージを残した「相手」をたずねてるので最後にwithをつけます。

1秒 英作文　「それを持たずに、絶対に家を出られない」 ⇨ 答えは次のページ

動詞
28位

try

具体的になんて言えばわからん？ tryで解決！

連結ランキング

順位	連結	意味	回数
1位	try to	～しようとする	912回
2位	try it	やってみて	59回
3位	try and（動詞）	～しようと試してみる	41回
4	try + a,an,the（名詞）	～をやってみる	34
5	try not	～しないようにする	28
6	try on	試着する	12
7	try again	再挑戦する	11

〖 try toの連結ランキング 〗

順位	連結	意味	回数
1	try to get	～を手に入れようとする	111
2	try to make	～を作ろうとする、～を…させようとする	68
3	try to be	～であろうとする	42

アメリカで困ったときに「なんてすてきな動詞やねん!!」と感激した動詞。workに続く第2弾は……tryです。
洋服を試着したいときは**Can I try?**　実験器具を使いたときも**Can I try?**
やってみたことをアピールするときは**I tried**。やってなければ**I'll try**。
このように具体的な動作を英語でなんて言えばいいかわからなくても、とりあえず「try言っとけば通じるではないか」という安心感がすごいんです。
Can I try?は相手に許可をもらうので、Let me ～の感覚に近いですね。
Tryは**相手とコミュニケーション**するときに使いまくれる単語なのです。

⇨ 前ページの回答例 I never leave home without it.

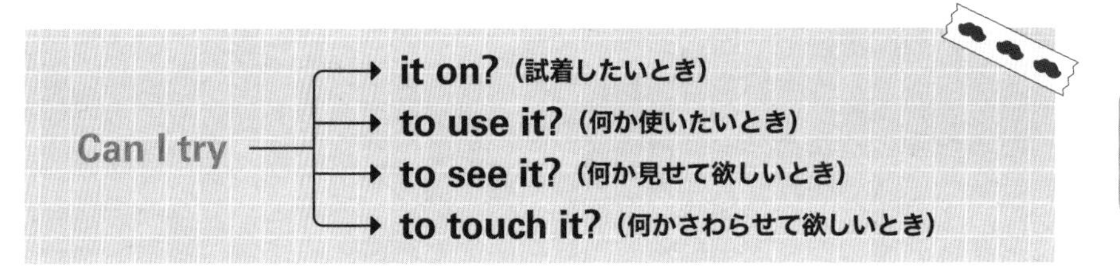

さらに、連結ランキングを見てみると、**try to**がダントツ1位です。

try to ～のうしろにくっつけることで、あらゆる動作を「やってみる」と言えます。「やってみる」、つまり「主観的にチャレンジしよう」という前向きな気持ちを込められるのです。よい言葉ですよね。

逆に「物音がうるさい」と注意されたときは、**I'll try not (to make a sound)**。 **try not to** ～の形で「しないように心がける」と言えます。

まとめると……

①細かい動作を言えなくてもtryで通じる。

②主観的かつポジティブに表現できる。

この2点から日常会話で大活躍する単語というわけなのです。

海外ドラマではこう使われる！

TRACK 28

I'll try. Ⓕ 4-2
やってみます。
「試してみる、努力する」シーンで幅広く使えます。

Let's try this again. Ⓕ 6-4
もう一度やってみましょう。
tryとagainもよく一緒に使われます。

Why don't you try to relax? Ⓕ 10-2
力を抜いてみたら？
【try to＋動詞の原形】で具体的に何をトライするのか言えます。relaxは動詞。

I'll try not to do it anymore. Ⓢ 3-11
もう二度としないようにするよ。
【try not to＋動詞の原形】で「～しないように努力する、心がける」。

You want me to try on a bad wedding dress? Ⓢ 4-15
ひどいウェディングドレスを着せたいの？
try onで「試着する」。Can I try it on?（試着していいですか）も覚えておくと便利。

1秒 英作文 「出かけて、彼女のために何か見つけてみるよ」 ⇨答えは次のページ

動詞
29位

meet

顔を突き合わせて、出会う。初対面の単語。

連結ランキング

順位	連結	意味	回数
1位	meet＋人	～に会う	474回
2位	meet＋a,an,the（名詞）	～に会う	137回
3位	meet someone	誰かに会う	40回
4	meet at	～で会う	37
5	meet with	約束して人と出会う（フォーマル）	34
6	meet in	～で会う	18
7	meet up	友達と会う、遊ぶ（カジュアル）	8

meetといえば、僕が学習した中１教科書の最初の方で、
"Nice to meet you!" "Nice to meet you too!" と、
ジョンとマイケルが陽気に会話していました。しかし、アメリカでよく耳にしたのはむしろ**Nice to see you!** というフレーズだったのです。
あなたは**Nice to meet you**と**Nice to see you**の違いがわかりますか？
２秒ほど考えてみてください。
まず、meetのコアは**【顔を合わせて出会う】**というイメージ。
具体的に「顔を合わせている」その動作がmeetです。ランキングを眺めてみても、**【meet＋人】**が圧倒的に１位になってますよね。
初対面で会う、待ち合わせするときに

 ⇨ 前ページの回答例 I'll go out and try to find something for her.

Let's meet thereのように使います。
一方、seeは**【一緒に過ごす】**というイメージ。コーヒー飲んで、買い物して、……全部ひっくるめてsee。やはりseeは守備範囲が広いのです（→p.42）。
日本語でも「今度会おう～」は飲みに行ったりカラオケ行ったり、全部ひっくるめて「会おう」というのと同じ。すなわち、「（具体的に）会う」がmeet、「（抽象的に）会う」がsee。
…というわけで、Nice to meet youは**出会ったこと自体がうれしい**ので「初めまして」で使われ、Nice to see youは**一緒に過ごせたことがうれしいの**で、友達や恋人、２回目以降に会う人に「会えてうれしいです」のニュアンスで使う。これが正解です！

海外ドラマではこう使われる！

TRACK 29

It's nice to meet you. Ⓕ 6-7
お会いできてうれしいです。
Nice to meet you.の正式な言い方はこれです。

It is so amazing to meet you. Ⓕ 9-15
あなたに会えて本当に感激しています。
有名人やすごい人に会ったとき、その感動を伝えたいときにぴったりです。

So how did you guys meet? Ⓕ 3-18
どのように君たちは知り合ったの？
出会いの馴れ初めなどを聞くときに。盛り上がるよい質問です。

I want you to meet my friends. Ⓗ 7-19
私の友達に会わせたいんだ。
だれかに知り合いを紹介したいとき。シンプルにmeetを使って言えます。

We'll meet up later. Ⓗ 1-20
後ほどお会いしましょう。
meet upは「ある目的があって会う」ニュアンスです。

We will meet at the checkout counter. Ⓕ 5-13
チェックアウトのカウンターで会いましょう。
「～で会う」。場所の前置詞atとセットでよく使われます。

I didn't think I'd meet someone like you. Ⓕ 9-6
あなたのような人に会えるとは思ってなかった。
過去に考えた未来のことを言うので、thinkの後ろの文はwouldもしくはwas gonnaを使います。

1秒 英作文 「ドアの前で会いましょう」 ⇨答えは次のページ

find

わからないことがわかる！発見の単語。

連結ランキング

順位	表現	意味	回数
1位	find + a,a,the（名詞）	～を見つける	307回
2位	find out	～を見出す	247回
3位	find + 人	人を見つける、人に～を見つける	178回
4	find it	それを見つける	98
5	find that	～を見つける	38
6	find someone	誰かを見つける	33

〖 find out の連結ランキング 〗

順位	表現	意味	回数
1	find out what + 人	（何が～か）がわかる	18
2	find out that + 人	（文の内容）がわかる	17
3	find out if + 人	（～かどうか）がわかる	11

findのイメージを金田一で言うと…「謎は全て解けた！」です。

黒子のシルエットの犯人が明るみになるドキドキの瞬間。何か探しものを見つける場合にも使えますが、会話では「気になっていた答えを見つける、わかる」というニュアンスで使われることが多いです。

【わからない】→【情報を集める、考える】→【わかる】。人間はこの３段階を通して「わからない」→「わかる」へと成長していく生き物であり、最後のステップ**【わかった！】**がfindなのです。

ランキングも見てみましょう。「外側にそれを見出した」というニュアンスから、**find out**（見出す）が圧倒的によく使われていました。

I found out that she had killed him.（彼女が彼を殺したことを突き止めた）

 ⇨ 前ページの回答例 I'll meet you at the front door.

❶ わからない

I don't know who killed her.
誰が彼女を殺したかわからない

❷ 情報を集め考える

I checked how she had been killed.
どのように殺されたか調べた

I think she was killed by…
彼女は…によってやられたのでは

❸ わかる

I found out who had killed her!!
犯人がわかった！

I found out why she had killed him.（なぜ彼女が彼を殺したかを突き止めた）

このように認識フィルターとして、**【5W1H / if / that】**を連結できます。

discoverも「発見する」ですが、**findの方が日常で気軽にI found it（見つけた！）と言えます。**ぜひ使いこなしてみてください。

海外ドラマではこう使われる！

TRACK 30

You couldn't find it? Ⓗ 4-2
見つけられなかった？
学校ではCouldn't you find it?にしないと×にされますが、会話ではよく肯定文の語尾を上げて疑問文にします。

Get out there, find me a girl. Ⓗ 5-15
そこへ出て行って、僕のために女を見つけて。
【find＋人＋～】で【人に～を見つける】。

Let me see what I can find out. Ⓗ 2-15
私の見つけられる限りのことをやってみるよ。
I'll see what I can do.（p.43）とほぼ同じ。「（新しい情報を）find outできるように全力を尽くしてみるよ」という頼りがいフレーズ。

Too bad you'll never find out. Ⓗ 1-15
（何が映っていたか）二度と見出せないなんて残念だね。
【too bad＋文】で残念な気持ちを言えます。しかし、自分の見られたくないテープを自分で破壊したあとのバーニーの言葉なので、皮肉のセリフです。

And now I find out that you kissed her first. Ⓕ 10-11
おまえのほうが彼女に先にキスをしてたなんて。
今まで知らなかったことを見出した気持ちがfind outなので、相手を責めるようにも使えます。

Lily and Marshall had just found out they were having a baby. Ⓗ 7-1
リリーとマーシャルは子どもを授かったことをまさに知った。
found outはこのように大きく心が動く場面が多いです。

1秒 英作文 「いつわかったの？」 ⇨ 答えは次のページ

動詞

31 位

believe

強い信念、そして気軽に意見も言える単語。

連結ランキング

順位	連結	意味	回数
1位	believe＋［文］	（文の内容）を信じる	410回
2位	believe＋it	それを信じる	137回
3位	believe＋人	人を信じる	131回
4	believe that	それを信じる、（that以下の文）を信じる	122
5	believe in	〜の存在を信じる、信頼する	101
6	believe what	（何が〜か）を信じる	34
7	believe how	（どのように〜か）を信じる	20
8	believe who	（誰が〜か）を信じる	6

僕は学生のとき、あまりに暇だったので考えていました。

「ヒトはなぜ考えもせずに『信じる』のや？」って。信じるってなんやねん。

たとえば、I believe I am Japanese（私は日本人だと信じてます）って変ですよね。なぜなら信じなくてもそれは明らかだから。「私は宇宙人を信じます」。…これは自然ですよね。なぜなら宇宙人がいるかどうかはわからないから。

つまり、**【よくわからんこと】に対して主観的に言うのがbelieve**なのです。

そして、believeは3つの使い方に分けて考えるのがおすすめです。

まず1つめが、**I believe in god**（神を信じます）のような信仰のニュアンス。日本人には実感が湧きづらいかもですが、その人の生き方そのものを語る言葉でもあり、非常に重みのあるbelieveです。

➪ 前ページの回答例　When did you find out?

2つめは、気軽に自分の意見を言うbelieve。

I believe the supermarket is near here.（そのスーパーはきっと近くにあると思う）

I thinkと全く同じ。「〜と思う」っていう気軽なニュアンス。自分の考えを連結して、**【意見フィルター】**として複文で使えます。

そして3つめが、気軽に信じられない感情を言うbelieve。

I can't believe he got married!（彼が結婚したなんて信じられない！）

I can't believeは驚異の517回登場しており、ドラマで使われていたのはほとんどがこの使い方です。感情フィルターとして使え、想定外、まさかの気持ちを言うのに便利なフレーズです。

…これら3つの使い方をまずは押さえておけば、believeはバッチリです！

海外ドラマではこう使われる！

TRACK 31

I believe you. Ⓢ 3-3
信じてるよ。
あなたが「本当のことを言ってる」と信じるニュアンスです。

I believe in you. Ⓗ 6-15
信じてるよ。
believe inで「何を言おうとあなた自身を信じている」ニュアンスです。

Ted, I believe you and I met for a reason. Ⓗ 1-10
テッド、君と僕は会うべくして会ったと思う。
草食系のテッドに女を口説く術を伝授するバーニーのセリフ。

I can't believe you called her fat. Ⓕ 5-8
彼女をデブと呼んだなんて信じられない。
I can't believeは感激の「信じられない」だけでなく、相手を責める場合にも使えます。

It's a little hard to believe how hot he is. Ⓗ 3-1
彼がイケてるなんてちょっと信じられないな。
「ほんとかな？　ちょっと信じられないな〜」という場合に使えます。でもこのシーンでは本当は彼に夢中であるのを隠すためにわざと言ってます（笑）。

If you believe in destiny, come to McLaren's tonight. Ⓗ 7-4
もし運命を信じるのなら、今夜McLaren'sに来て欲しい。
believe in destinyも使えそうなフレーズですね。

1秒 英作文 「あなたは私の夫を知ってると思う」 ⇨答えは次のページ

動詞

32位

stop

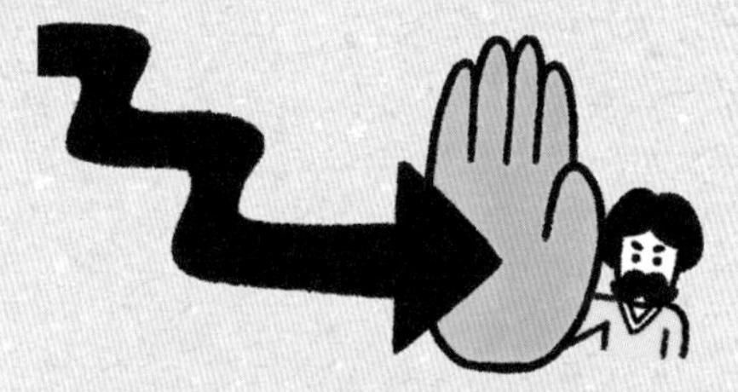

実行

続いてることをやめる＆やめられない依存。

連結ランキング

順位	連結	意味	回数
1位	stop it	やめてよ、いい加減にしろ	149回
2位	stop＋人	(人を) 止める	82回
3位	stop by	立ち寄る	51回
4	stop being	〜であるのをやめる	39
5	stop talking	話すのをやめる	34
6	stop thinking	考えるのをやめる	33
7	stop + a,an,the (名詞)	〜を止める	25
8	stop at	〜で止まる	19
9	stop staring	じっと見るのをやめる	17
9	stop calling	電話する〔呼ぶ〕のをやめる	17

stopという単語を見るたびに、僕は思い出すのです。

中学校のテストで、**stop 〜 ing**と**stop to**の使い分けにいつも悩まされたことを…。**stop to smoke**（立ち止まってタバコを吸う）、**stop smoking**（禁煙する）と全然違う意味になりますよね。

しかし！　ドラマに出てくるstopを数えて衝撃の事実が明らかになりました。

ランキングを見てください。

stop talking, stop thinking, stop staring, stop calling……

「…全部stop 〜 ingやん？　stop toは……たったの8回やと!!!!??」

そうなのです。計208時間のドラマで、stop toにはほぼ出会えません。

つまり、会話においてはstop toよりもよく使う**【stop 〜 ing】**をスタンダー

⇨ 前ページの回答例　I believe you know my husband.

ドとして覚えるのがおすすめということなのです。

さて、ここで問題です。―――「**タバコ依存症**」を英語で言いなさい。

「……依存は英語で……addiction?　いや…dependだったっけ?」

答えは、**I cannot stop smoking.**（タバコをやめられない）

I cannot stop ～ ing. を使えばコーヒー依存も、スマホ依存も、買い物依存も、ゲーム依存も、何でも言えてしまうのです。楽勝すぎますよね。

最後に、注目したいのがランキング3位の**stop by**。

byの「近く」というイメージから…stop byは「**立ち寄る**」。途中でコンビニに立ち寄るのも**stop by**ですし、**Please stop by when you have time**（いつでもお立ち寄りください）と、知り合いにも使うことができる、超便利なフレーズです。

海外ドラマではこう使われる!

TRACK 32

Stop it, you're killing me! Ⓕ 4-14
やめてくれ、気が変になる!

You're killing me!は「いい加減にしろや（笑）」、「ちょーきつい!」みたいに気軽なノリで使われます。

Sorry I didn't stop by last night. Ⓕ 7-17
ごめんなさい、昨夜は寄れなかったんだ。

stop byはこんな感じで使えます。

I can't stop thinking about you. Ⓕ 5-16
あなたのことを考えるのをやめられないんだ。

好きな人を口説くときにぜひ。

Why don't you tell her to stop being silly? Ⓕ 6-3
おばかをやめるよう、彼女に言ってよ。

Why don't you ～?で「～してよ」。sillyは「アホな状態」の形容詞。親しみを込めて軽いノリで使えます。

I'm sorry I made you stop seeing him. Ⓕ 2-13
彼に会うのを邪魔してごめんね。

【make＋人＋動詞の原形】で「人に～させる」でしたよね（p.53）。

You're my wife, you're supposed to stop me from embarrassing myself in public. Ⓗ 5-17
公共の場で僕が恥をかくのを止めるのが妻の君の役目だろ!

ロビンに粗相してしまったマーシャル。なぜ横にいたのに止めてくれなかったのか!と妻のリリーに主張するシーン。(supposed toはp.116)

1秒 英作文　「私が敵みたいに話すのはやめて!」　⇨答えは次のページ

動詞
33位
put

「ヒトが物を動かす」最強生活単語。

連結ランキング

順位	表現	意味	回数
1位	put + a,an,the (名詞)	～を置く、位置させる	199回
2位	put + 所有格 (your) など	～の…を置く、位置させる	172回
3位	put it	それを置く、位置させる	163回
4	put + 人	人を (～の状態) に置く	140
5	put on	上に置く、身に着ける	123
6	put in	～の中に置く	26
7	put up	～を掲示する、～の上に置く	25
7	put out	消す、追い出す	25
9	put together	組み立てる、編集する	11
10	put up with	～を我慢する	10

put=「置く」ではない！

takeが魔王バラモスであれば、putは大魔王ゾーマでしょうか。

僕にとって、攻略するのが最も難しく感じていた単語…それが**put**です。

put =「置く」と覚えてしまうと、**put eye drops** (目薬をさす)、**put the dog out** (犬を外に出す)、**put on a coat** (コートを着る)、

「いやいや……置いてないやないか～い!!!!!」

と全力でツッコミたくなります。…じゃあ、putの正体とはなんなのか？

その答えを知るためにも、まず日常会話について考えてみましょう。

⇨ 前ページの回答例 Stop talking to me like I'm your enemy!

会話で動詞を使うとき、一体何が動いているのか？

日常会話する、言葉が生まれる。とは何か？
それは**「何かが動いている」**ということ。何も動いてない、何も起こってないと、そもそも言葉にできないですよね。
すべてのセリフに**【動詞が含まれる】**ことがこの事実を示しています。
で、僕は思ったのです。**「じゃあ、一体何が動いているのや？」**
それを考えてみると、動いてるものが4つありました。
1つめは、**心の動き**。これはwant、need、feel、thank、careやget+形容詞を使って言うもの。「気持ち」が動いていますよね。
2つめは、**情報の動き**。say、tell、talk、callなどの吹き出し系動詞や、see、lookのような知覚動詞。「言葉、イメージ」が動いています。
3つめは、**思考の動き**。think、guess、mean、suppose、believe、findなど…これは脳みその中で「考え」が動いています。
そして4つめ。take、turn、move、run、walk、throw、fall…**物体の動き**。**「人や物」が物理的に動いています。**

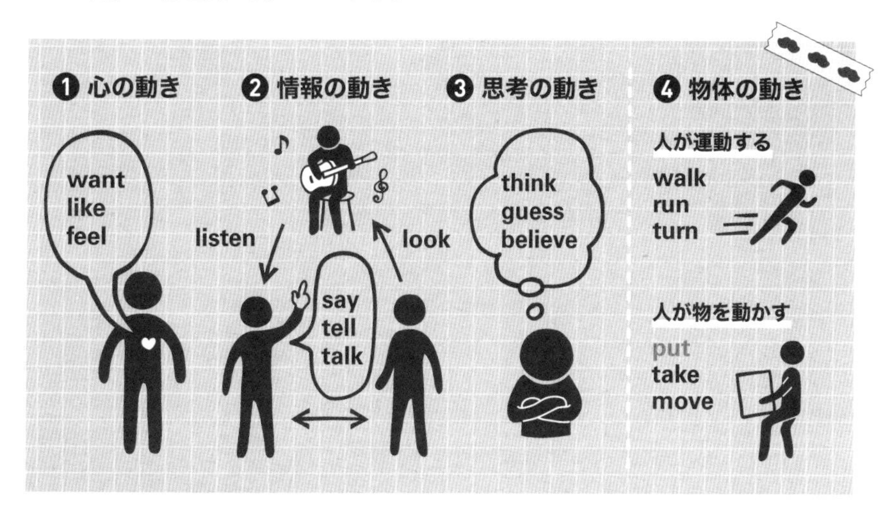

よ〜く上の図を見てみてください。
動いてるものの多くは目に見えないのです。これが日常会話の正体。
つまり、**見えない心や考えを語るのが日常会話のメイン**であるということ。

1秒 **英作文** 「ケーキの上にろうそくを立てよう」 ⇨ 答えは次のページ

ランキング上位の単語の多くがこれです。
そしてですよ……注目したいのが４つめの**【目に見える動き】**。
人が運動する場合と、人がモノを動かす場合の２パターンがありますが、**人が物体を動かす単語**。この代表的存在が**put**なのです。

takeして、putしたら……物体が動く!!

ところでみなさん、**「物体を動かす」**ってどういうことでしょう？
「机の上にあるペンを引き出しに入れる」「冷蔵庫のビールをテーブルに並べる」「カレンダーを壁に貼る」「おもちゃを片付ける」「パンツを穿く」どれも、
❶手に取る→❷手から離して位置させる の２段階があるのわかりますか？

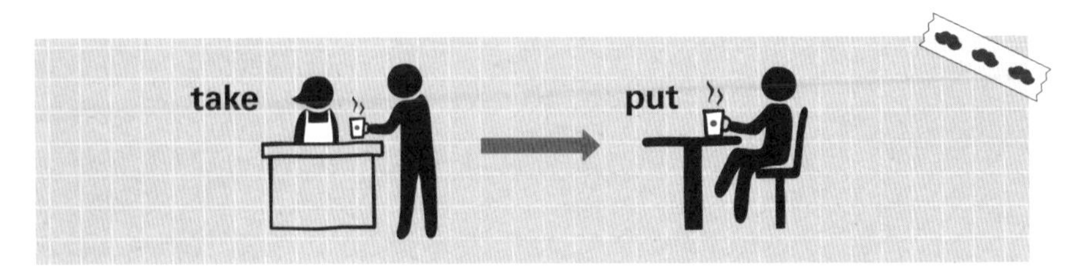

つまり、take→put。これが**【物体を動かす】ということの本質**です。
手に取る最初のステップがtake(もしくはget)。そして、**【手から離してどこかに位置させる】後半のステップこそがputの正体なのです!!**
よく考えてみると日常生活って、料理も洗濯も掃除も買い物も…**【物を動かすこと】**。たとえば、ご飯食べるときを思い出してください。皿や茶碗や箸やコップを何度も何度もtake & putしているはずです。
つまり、日常生活とは**【take→put】**しまくることだと僕は気づいてしまったのです。
では、手から離した物体をどのように位置させるか？
それを詳しく言うのが**【前置詞】**(副詞の場合もあります)。
本書の前置詞特集（→p.122）にも示したコアイメージと合わせるだけです。
put on ／どこかにon（接触）させるのであれば、put on a T-shirt、put on socks、put on lotion「着る」も「履く」も「つける」も全部put on。
put in ／ in（入れる）であれば、「収納する」「取り付ける」「参加する」「差し

 ⇨ 前ページの回答例　I'll put a candle on the cake.

込む」などput inで。

put out ／ out（外に）なので、put out the trash（ゴミを出す）やput out a CD（発売する）など。put out the fire、「火を消す」もよく使われます。

put off ／ off（離れる）なので、put offは「予定より離して位置させる」から「延期」というイメージ。Put off till tomorrow what you can do tomorrow.（明日やれることは明日やればいい）は僕の親友の座右の銘。

海外ドラマではこう使われる！

TRACK 33

Let's put it in. Ⓕ 2-14
入れてみよう。

「ビデオをデッキに入れてみよう」のシーン。「中に入れる」はput in。代名詞を使うときは、put in itではなくput it inと間にはさむルールがあります。

You put this on a hamburger. Ⓕ 10-11
あなたは、これをハンバーガの上にのせます。

「これは何でしょう？」のクイズシーンより。答えはケチャップ。

Let's just put on some music. Ⓗ 7-15
何か音楽をかけよう。

音楽をかけるのにput onが使えます。

I said it was stupid to put off the wedding. Ⓕ 4-23
結婚式を延期するなんて馬鹿げてるって言ったんだ。

put offで「先延ばしにする」。stupidは「馬鹿げた状態」の形容詞ですがsillyよりも重みがあるので、人にはあまり使わないほうがよいです。

I don't know how you put up with it. Ⓢ 5-1
君がどうやってそれを我慢しているのかわからないよ。

ニューヨークのゴミや騒音の中で生活するキャリーに向けられた言葉。

So, you're going to put out that cigarette. Ⓕ 9-5
それで、まずあなたはタバコの火を消します。

put outは「タバコの火を消して」、というシーンで使えます

I'll just take it home and put it somewhere safe. Ⓗ 4-20
家に持って帰って、どこか安全な場所に置こう。

大金を扱うマーシャルのセリフ。take→putがこのようにセットで使えます。

1秒 英作文 「彼女はいつもそれを我慢している」 ⇨ 答えは次のページ

動詞

34位

start

新しいシーンがはじまる単語。

連結ランキング

順位	表現	意味	回数
1位	start to	～することをはじめる	207回
2位	start with	～からはじめる	83回
3位	start＋a,an,the（名詞）	～をはじめる	31回
4	start dating	付き合いはじめる	31
5	start talking	話しはじめる	19
6	start over	再出発する	17
6	start thinking	考えはじめる	17
8	start getting	getしはじめる	15
9	start by	とりあえず～をする	13
10	start having	～をhaveしはじめる	10

先ほど登場したstopの反対、startですね。ランキングを見てみましょう。

「stopはingばっかりやったのに…こっちはstart toが第1位かよ！！」

と思われたあなた…心配しなくても大丈夫です。

start toも**start ～ ing**も全く同じ。「～をはじめる」という意味です。

startの本質は…**【新しい状態のはじまり】**。

「ある状態になる」単語がgetでしたが、そのgetの幕開けがstartのイメージ。

図にすると次のページのような感じ。

また、ランキング2位の**start with**は**Let's start with a beer!**（まずはビールで！）のように「まずは～からはじめよう！」と出だしの部分で使えるフレーズ。

⇨ 前ページの回答例　She always put up with it.

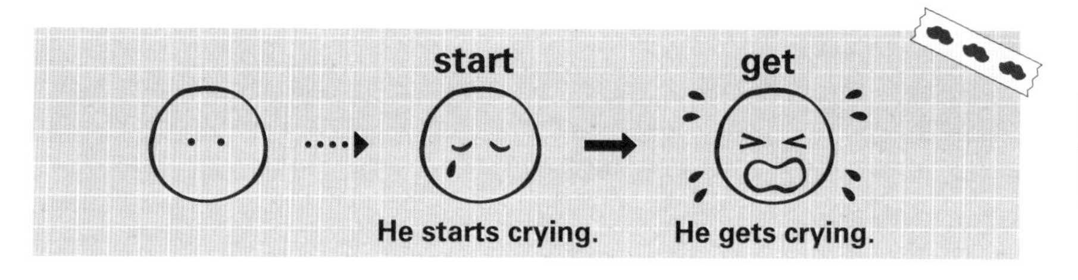

４位の**start dating**というフレーズは、「今からUSJデートはじめるぞ！」…ではなく、【付き合いはじめる】です。英語ではdate自体が「お付き合いする」という関係性の意味を持っています。

さらに注目したいのが６位の**start over**。『Starting Over』という歌もあるように、**「もう一度、再出発しよう」**というフレーズです。

イギリスではstart againが使われるようですが、start overの方が、失敗を乗り越えて再チャレンジするようなポジティブな響きがして、僕も大好きなフレーズです。

海外ドラマではこう使われる！

TRACK 34

Tears start to fill your eyes. Ⓗ 9-14
あなたの目が涙であふれはじめてる。
バーニーがビンタされたあとに歌われるオリジナル曲の歌詞に出てきます。

You start believing again. Ⓗ 7-1
もう一度信じるの。
ロビンからテッドへの励ましの言葉です。

You will start dating eventually. Ⓢ 6-5
あなたはいずれ、恋愛をはじめるでしょう。
破局して落ち込むシャーロットへのサマンサの言葉。eventuallyは「いずれ、最終的に」の副詞です。

Why would you start smoking again? Ⓕ 9-5
なんでまたタバコを吸いはじめたの？
Why did you ～？は「なんで？」の気持ちですが、Why would you ～？は「なんでそんなことするの！？」と相手を非難するニュアンスになります。I can't believeとセットで使えます。

I'll start with the carpaccio. Ⓕ 2-5
まずはカルパッチョをお願いします。
レストランで料理を注文するシーン。I'll start with beer.のように置き換え可能です。

Let me start over. Ⓕ 10-4
最初からやり直させて。
もう一度最初からやり直したい、いろいろな場面で使えます。

1秒 英作文　「午前中から飲みはじめたかった」 ⇨答えは次のページ

動詞
35位 ask

わからないとき、お願いがあるとき。相手にアプローチする単語。

連結ランキング

順位	連結	意味	回数
1位	ask＋人	人に聞く	636回
2位	ask for	～を求める、～を依頼する	66回
3位	ask＋a,an,the（名詞）	～を聞く	37回
4	ask if	～かどうか聞く	24
5	ask about	～について聞く	12

〖ask+人の連結ランキング〗

順位	連結	意味	回数
1	ask＋人＋to	人に～するように求める	165
2	ask＋人＋out	人をデートに誘う	91
3	ask you something	あなたに何かを聞く	43
4	ask＋人＋if	人に～かどうかを聞く	26

「吹き出し系５兄弟」シリーズ。いよいよ最終回です。

わからないことがあったとして「ちょっと聞いてみるわ～！」というシーン、よくありますよね。「聞く」だから、listen?　それともhear?

……**ask**が正解です。

ここまでに出てきたsay、tell、talk、callとは違う、askの大きな特徴、それは……**【わからないことがあるときに使う】**なのです。

わからないことをわかるのが、会話の目的の１つであるとお話ししましたが、わからない場合にやるべきことは２つ。

自分で調べる（examine）か、人にたずねる（ask）です。

askはtellと同じく（→p50）伝達フィルターとして使えます。

➡ 前ページの回答例　I wanted to start drinking in the morning.

I asked her if she had a boyfriend.（彼氏いるかどうか聞いてみた）

I asked her where she wanted to live.（どこに住みたいか聞いてみた）

さらに、もう１つ、askが使われるのが…**【お願いがあるとき】**です。

２位の**ask for**（～を求める、依頼する）と、**ask+人+out**（デートに誘う）はどちらも、相手に何かをお願いしてますよね。

これまでの４つの吹き出し系、【say、tell、talk、call】は、わからないことやお願い事などなく、暇つぶしに雑談してるだけでも全て使えます。

しかし、askだけは**何らかの用事があるとき**に使うのが特徴。

【人に対してアプローチする動詞】だと理解すれば、使いやすいです！

▶ 海外ドラマではこう使われる！

TRACK 35

Just ask her out. Ⓗ 4-1

デートに誘うのよ。

【ask＋人＋out】で「デートに誘う」。ドラマ超頻出です。

Let me ask you a question. Ⓕ 4-3

質問させてください。

前置きの鉄板フレーズ。いきなり質問をしないところが丁寧です。

So ask me what I did today. Ⓕ 3-21

今日僕が何してたのかたずねてよ。

恋人どうしっぽい会話(笑)。What did you do today? とたずねればOK。

Well, if you ask me to stay, I'll pee. Ⓕ 9-5

もしここにいろと言うなら…ここで漏らす。

「トイレに行くの？　私を1人にしないで」のシーン。

Did you ask for my father's permission? Ⓗ 8-13

私のお父さんに許しはもらった？

ここでの許し（permission）は結婚のこと。ask forで「～を求める」。

Look, if you want Marshall back so bad, how come it took you two days to even ask about him? Ⓗ 2-2

ねえ、もしマーシャルと縁を戻したくてしょうがないのなら、なんで彼について聞くのに2日間もかかったの？

want ～ so badは「～したくてたまらない」、How comeは「なぜ？」のくだけた言い方。どちらも中１単語だけど学校で習わない口語表現。

1秒 英作文　「1つ質問していい？」　⇨答えは次のページ

keep

**途切れないように
キープし続ける単語。**

連結ランキング

順位	連結	意味	回数
1位	keep＋a,a,the(名詞)	～を保持する	122回
2位	keep＋人	人を～の状態のままにする	105回
3位	keep it	それを保つ	103回

keepは「キープする」と日本語でも使いますね。**【自分のところに保ち続ける】**がコアイメージです。

ドラマでは、**keep ～ing**がよく出てました。**keep saying**（言い続ける）、**keep thinking**（考え続ける）など動作を続けるイメージです。

そして注目すべきは、２位の**「keep+人」**。**He kept me waiting**（彼は私を待たせ続けた）のようにletやmakeと同じく、**外側から人に変化をかける**イメージです。一発でわかるように図にまとめておきます！

海外ドラマではこう使われる！

TRACK 36

I want to keep working at GNB. Ⓗ 6-8
僕はGNBで働き続けたいんだ。
keep workingで「働く状態を続ける」ニュアンスです。

You keep going to the same bar. You are in a rut. Ⓗ 1-3
君は同じバーに通い続けている。マンネリだね。
keep goingはドラマ頻出です。in a rutは「ワンパターン」の意味。

I promise that I'll keep you safe and warm. Ⓕ 4-12
安全で暖かく過ごせることを約束するよ。
【keep＋人＋形容詞】で「人を～な状態で保つ」。

➡ 前ページの回答例 Can I ask you a question?

use

「use to」で
人の歴史が、見えてくる。

連結ランキング

順位	連結	意味	回数
1位	used to	～したものだ、慣れている	378回
2位	use＋a,a,the(名詞)	～を使う	193回
3位	use it	それを使う	66回

ランキング1位が、**used to**。「使う」という動詞よりも圧倒的にこちらが使われていたので解説します！

【used to＋動詞の原形】で「～したものだ」と過去の習慣を表現します。

I went to USJ（USJに行った）はただの事実ですが、**I used to go to USJ**（USJによく行ったなあ）だと「ああこの人USJ好きやったんかも～」と**【その人の歴史】**が見えてきますよね。

もう1つ、よく使われるのが、**be used to ～ ing**。

I'm used to speaking English（英語を話すのには慣れている）のように、最近の自分の習慣を語ることができます。さらにgetを使って、**I'm getting used to speaking English**であれば、慣れてきた！という変化を言えます。習慣とは、つまり**【自分がどういうやつなのか】**ということなので、自分を知ってもらうときや、過去を振り返って思い出を語るときに使えます。

海外ドラマではこう使われる！

TRACK 37

I used to wet my bed. Ⓕ 10-18
昔はよくおねしょしてたなあ。
「ベッドを濡らす」、つまり「おねしょする」。

You have to get used to it. Ⓕ 2-5
それに慣れないとダメだよ。
いろいろな場面で使えそうなフレーズですね。

We used to live together. Ⓕ 2-13
昔は一緒に住んでた。
思い出話はused toで。

1秒 英作文 「いつもここに来てたよな」

⇨答えは次のページ

そのほか
重要
動詞
3
位

move

引っ越しから感動まで。動く系は全部言える。

連結ランキング

1位	**move in** 新居に入る	176回
2位	**move to** ～へ引っ越す	173回
3位	**move on** それを保つ	167回

moveのコアイメージは……**【動く】**。いろいろな動きを言えるすげえ単語。
まずは**人が動く場合**。**I will move to Osaka** は大阪に行く…じゃなくて**「大阪に移住する」**です。上のおじさんのように次のステップに行くイメージ。また、**I was moved by the movie**（その映画に感動した）は、心が振動してるようなイメージ。ランキングを見ると、前置詞に連結することが多いですが……**move in here**（ここに引っ越してくる）、**move to Italy**（イタリアに移住する）のように、前置詞の方向へ動く感覚を持てばOK。
次に**人が物体を動かす場合**。**He moved coffee to the table**（彼はコーヒーをテーブルに持っていった）のように、**【take→put】の一連の動きをmoveで言えます**。moveの方がtakeやputよりも抽象度が高いということです。
たとえば、スマホを置きっぱなしにしてる人に、Can you put it on your desk?（あなたの机の上に置いてくれる？）よりも、Can you move it?（動かしてくれる？）の方が、あいまいで柔らかいニュアンスで言えるのです。

海外ドラマではこう使われる！

TRACK 38

Do you wanna move in? Ⓗ 5-21
ここに引っ越したい？

彼氏が彼女に対して言うシーン。「同棲しよう」という意味です。

You had a big table, but they made you move. Ⓕ 9-5
大きなテーブルに座ってたのに、店員があなたたちを移動させたのね。

このhave(had)は大きなテーブルと「共にある」で「座っていた」の意味。〈make＋人+move〉で移動させる。

You want me to move out? Ⓕ 2-19
私に出て行って欲しいの？

【want＋人＋to ～】の形(p.39)。攻めのフレーズですね（笑）。

⇨前ページの回答例　I used to come here all the time.

break

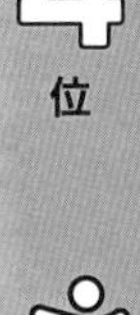

想定内の流れを断つ、衝撃ある単語。

連結ランキング

1位	**break up** 別れる	404回
2位	**break up with** ～と別れる	193回
3位	**break + a,an,the（名詞）** ～を壊す	74回

「breakって…壊すやろ？」と僕は覚えていました。

しかし、breakもあいまい動詞で、**【破壊する、機能を損じる、流れを断つ】**など、**穏やかな流れの中に起こる「想定外」の出来事全般に使えます。**

たとえば、**break out**は空間が外に向かってぶっ壊れるイメージなので、**「(何かが) 突発する、(戦争が) 勃発する、出火する、(ニキビや汗が) 吹き出る」**など、全部break outで言えるんです。**break in**はぶっ壊しながら中に入っていくイメージなので、**「強盗が入る、乱入する」**など。

さあ、ランキングを見てみましょう。

ドラマで圧倒的に1位、絶対に覚えておきたいのが**break up**です。

upは「完全に」というニュアンスがあるので、「完全に流れが絶たれる」、つまり**「破局する (別れる)」**という意味です。まさに「衝撃的な」場面で使われる単語がbreakなのです。

海外ドラマではこう使われる！

TRACK 39

We broke up. Ⓗ 5-7
私たち、別れたの。

終わったことを言うので、過去形でbroke upで使われることが多いです。

I broke up with Scooter at the prom. Ⓗ 6-8
スクーターとは、プロムで別れたの。

promはアメリカの高校で学年最後に開かれるダンスパーティーのこと。

I'm sorry I almost broke your hand. Ⓕ 2-6
ごめんんね、指を折っちゃいそうになって。

注射するのにモニカに付き添ってもらうロス。注射してもらうときに彼女に手を握ってもらい…。

英作文 「なぜあなたが彼と別れたのかわからない」 ⇨答えは次のページ

そのほか重要動詞 5位

思考

guess

「だ〜れだ？」
あてずっぽうの気軽な動詞。

連結ランキング

1位 **guess＋［文］**
（文の内容）だと思う 280回

2位 **guess what**
何だかわかる？ 108回

3位 **guess who**
だーれだ？ 31回

「英語で意見を言ってみたいけど、自分の意見に自信なくて……」
そんなあなたに、ぜひ使っていただきたいのが**guess**です。
「よくわからないこと」をguess＝「推測する」なので、**I guess you're right.**（あなたは正しいと思う）のように文を連結して意見フィルターとして使えます。ランキング1位もこの複文の形ですね。I thinkとは違って、**根拠がなくても当てずっぽうで気軽に言える**のがguessの特徴です。
もう1つ、よく使われるのが**【Guess＋5W1H】**の形。
Guess what I bought today?（何買ったと思う？）、
Guess who I met today.（だれに会ったでしょう、当ててみて？）
というやりとり。子どものころ、母親が当てるまでしつこく聞いてきてうざかった思い出がありますが(笑)、英会話では実際に当てる必要はなく**Guess where?**と聞かれればWhere?と聞き返し、**Guess what?**と聞かれればWhat?と速攻で聞き返すのがお約束。会話の導入で使える、つかみのフレーズです。

海外ドラマではこう使われる！

TRACK 40

I guess you're right. Ⓗ 4-24
たぶん、あなたが正しいと思う。

I thinkと同じく後ろに文を連結できます。

Hey guys! Guess what I got. A new dart. Ⓗ 2-13
ヘイ、何を手に入れたと思う？　新しいダーツだ。

Guess what I got.のあと間髪入れずにダーツを見せているので、本気でguessしてほしいのではないことがわかります。注目させるフレーズ。

⇨前ページの回答例 I don't know why you broke up with him.

そのほか重要動詞 6位

状態 / 伝達

remember

思い出すvs覚えている二刀流の単語。

連結ランキング

順位	連結	意味	回数
1位	remember that	覚えている、思い出す	100回
2位	remember＋人	人を覚えている、思い出す	72回
3位	remember when	（いつ～するか）を覚えている、思い出す	71回

rememberは**【覚えている】**と**【思い出す】**の状態と変化の両方を言える、宮本武蔵のような存在です。

１つめは「覚えている」。

状態を言ってるので、knowと同じく認識フィルターに分類されます。

5W1H / if / thatを連結すると……

I remember where I met him.（彼にどこで会ったか覚えてます）

…変わらない私の認識を言うことができます。

２つめは、「思い出す」。わからないことがわかる行為なので、talkやaskと同じく伝達フィルターに分類されます。

こちらも5W1H / if / thatを連結して…

I remember where I met him.（彼とどこで会ったかを思い出す）

…今、思い出しているという動きを言えます。

このように、文脈によって、２つの意味で使えるのがrememberですが、**「思い出す」の場合はoften、sometimes、「覚えている」はstill、clearlyなどの副詞**が一緒に使われやすいので注目してみてください！

海外ドラマではこう使われる！

TRACK 41

Remember what Gandhi said. Ⓗ 6-10

ガンジーが言った言葉を思い出して。

その言葉とは、Be the change that you want to see in the world.です。

Remember when we went to see it? Ⓗ 2-16

それ（映画）を一緒に見に行ったときのことを覚えてる？

命令文ではなくDo youが省略された形。思い出話をするときに、この形で会話を切り出すことが多いです。

1秒 英作文 「大学にいた時のことを覚えてるよ」 ⇨答えは次のページ

そのほか
重要
動詞
7
位

実行

turn

くるっと変化！
前置詞でさらに変化!!

連結ランキング

順位	連結	意味	回数
1位	turn out	判明する、消す	100回
2位	turn into	変身する、変化する	72回
3位	turn around	振り向く、回転する	71回

turnのコアイメージは…**【くるっと向きをかえる】**。
物理的な変化だけでなく、**Leaves turn red.**（葉っぱが赤く色づく）のように状態の変化についても言えます。
ランキングからも**【turn+前置詞】**のセットで使われるのがわかりますね。
1位の**turn out**は、くるっと外側にoutしてくるイメージから、「判明する、結果になる」。outは消失するイメージがあるので、明かりを消す場合にもturn offと同じく使われます。
2位の**turn into**は別の状態の中へと変化するイメージから、「変化する、変身する」。
3位の**turn around**はくるっと回るイメージから、「回転する、状況が好転する」。
まだまだありますが…イメージを膨らまして、文脈でその意味を判断すれば大丈夫です。前置詞の章もぜひ参考にしてください！

海外ドラマではこう使われる！

TRACK 42

Come on, Chloe, turn around. Ⓗ 2-7
さあ、クロイ。こっちを向いて。

リリーが元彼の彼女を尾行するシーン。turn aroundを連呼しまくってるのでぜひ。

Let's turn out the lights and watch the movie. Ⓕ 6-11
電気を消して、映画を見よう。

turn outは「明かりを締め出す」、つまり「消す」意味で使われます。

⇨ 前ページの回答例 I remember when I was in college.

何が起きても気にしな～い。
安心の単語。

連結ランキング

1位 (take) care of
手入れする、世話をする 147回

2位 care about
～を大切にする、
～を大事に思う 136回

3位 not care if
～かどうか気にしない 38回

careは…**【大事だと思う、構う、気にする】。**

頻出する**take care of**（～の面倒をみる）も、だれかを気にかける思いやりのフレーズです。

ものすごく興味深いことに……**ドラマのセリフでは9割近く、否定文のI don't careが使われていました。**

認識フィルターに属するので、**They don't care if you can speak English**（彼らはあなたが英語が話せるかどうか気にしない）のように5W1H / if / thatが連結してよく使われます。

一方、I careはドラマにはほぼ登場しません。

何かが気になる場合は、**I'm worried if he doesn't like me**（彼、私のこと嫌いかどうか心配）のようにI'm worriedがメジャーなので、**【I'm worried⇔I don't care】**のセットで覚えておくとよいと思います。

また、**Who cares?**（誰が気にすんねん（＝誰も気にしない））も超頻出です！

海外ドラマではこう使われる！

TRACK 43

I don't care about that. Ⓕ 7-16
僕は構わないよ。
「気にしない、構わないよ」のニュアンス。

No, I don't care what Steve thinks. Ⓢ 6-11
違う、スティーブが何を考えるかはどうでもいいの。
5W1Hへの連結パターン。

I don't care if you don't care. Ⓗ 3-3
あなたが構わないなら私も構わないわ。
二人で共有している秘密を話すかどうかを相談するシーン。

1秒 英作文 「あなたが気にしないかどうかは気にしない」 ⇨答えは次のページ

そのほか
重要動詞
9位

実行

「走る」ではないぞ！
持続的に進むのがrun。

連結ランキング

1位 run into
偶然出会う
85回

2位 run out
使い果たす、売り切れる
63回

3位 run away
走り去る、逃げる
35回

run＝「走る」と思っていたあの日の僕は、runのことを全くわかってやれていませんでした……。
コアにあるのは**【持続的に進む】**。ぐるぐると流れるプールのようなイメージ。
たとえば、**The movie will run for six months**（映画が６ヶ月上映される）という言い方もあるように、「演劇が公演される」もrun。「ビデオを再生する」のもrunだし、「経営する、実行する、行う」もrun。
プロジェクトを「走らせる」と日本語で言いますが、その感覚に近いです。
ランキングを見てみると……１位は**run into**。「偶然出くわす」という意味であり、持続中の道から予想外の出会いへとintoするイメージ。
２位の**run out**は持続しているものが外側になくなるので、「使い果たす、売り切れる」。３位の**run away**は走って消えていくので、「逃亡する」。
前置詞のイメージと組み合わせて、ニュアンスをつかんでみてください！

海外ドラマではこう使われる！

TRACK 44

It was good running into you today. Ⓕ 4-2
今日は偶然会えてうれしかったよ。

たまたま会った人にはこのフレーズが使えます！

You're running away. Ⓗ 6-16
君は逃げているんだよ。

awayはoffよりも強く離れるニュアンス。run awayは家出するときも使われ、このシーンでは現実逃避しているという意味です。

⇨ 前ページの回答例 I don't care if you don't care.

そのほか重要動詞 10位

伝達

check

よくわからない？
checkしたらええねん。

連結ランキング

順位	連結	意味	回数
1位	check out	（ホテルなどを）チェックアウトする	147回
2位	check it out	（真実かどうかを）調べる、確かめる	136回
3位	check + a,a,the（名詞）	（状態を）検査する、確認する	38回

「わからないことを知りたい！」……そんなときにヒトが取る行動は、**①人に聞く、②自分で調べるの２パターン。**

たとえば、仕事のことで質問されて答えを持ち合わせていないときは、**I think ... but I'll check it**（調べておきます）と前向きに答えられます。

ネットで調べるのか、本をみるのか、人に聞くのか、具体的な方法を英語で言えなくても、とりあえずcheckで乗り切れる。workやtryに続き……「なんて便利やねん!!」と感激した、魔法のような単語です。

伝達フィルターのグループに属するので、**I'll check when it will arrive**（いつ届くか調べてみる）のように5W1H / if / thatを連結可能。

checkは「調べる」以外にも、「入退室手続きをする」「阻止する」「点検する」「採点する」「預ける」「確認する」「検証する」…いろいろ使えます！

confirm(確認する)という単語もありますが、checkの方があいまい度が高く口語的な響きがします。ドラマでもcheckが圧倒的に使われていました！

海外ドラマではこう使われる！

TRACK 45

Check it out! Ⓗ 7-10
チェックしてみて！

「確認して、見てみて」というフレーズ。発音は「チェケラッ」ですね。

You just checked out Robin's ass. Ⓗ 2-2
今ロビンのお尻見てたよね。

肉体を見るときにもcheck outが使われます。assは「お尻」ですがかなりくだけた言い方なので注意。

Can I take a rain check? Ⓕ 5-4
延期してもらえるかな？

take a rain checkで誘いを断るときのお決まりフレーズです。試合の雨天順延券から由来してるらしいです。

 秒 英作文 「メールを見ないで」 ⇨答えは次のページ

そのほか
重要
動詞
11
位

実行

hang

ぶらんぶらん
ぶらんぶらんの単語。

連結ランキング

1位 **hang out (with＋人)**
遊ぶ、一緒に過ごす 225回

2位 **hang up**
電話を切る 103回

3位 **hang on**
(電話で) ちょっと待って 76回

日常会話に出まくり！あいまい度が高すぎ！…僕のお気に入り単語です。
ハンガーのhangなので【ぶらんぶらん】がコアイメージです。
まず、1位の**hang out**は、外にぶらぶら向かって行くので、飲みに行く、遊びに行くという意味でドラマ頻出です。
hang up は昔の電話機で受話器をぶらぶらと吊り下げているイメージから、電話を切る。逆に**hang on**は電話を切らずに置く場合や、「ちょっと待って」の場面でも使えます。
また、**hang in** は試練の中、落ちないよう必死にしがみつくイメージから、「頑張る」。Hang in there! は「くじけず頑張れ！」と励ますときによく使われます。チャゲアスの『YAH! YAH! YAH!』にも出てきますね。
さらに驚きなのが、「首をつる」という意味もhangだということ。「どっちもぶらぶらしてるから一緒でええやん」って…この発想はヤバすぎますよね……。
※ぶらんぶらん＝hangは著者の解釈です。語源は諸説あり

▶ 海外ドラマではこう使われる！

TRACK 46

I wanted to hang out with you. Ⓗ 6-21
お前と遊びたかったんだ。
お父さんが息子のバーニーに一言。

No, you hang up first. Ⓗ 8-9
いいや、君が先に電話を切って。
恋人どうしでよくやる（？）やつです。

Hang on, she's right here. Ⓕ 10-3
ちょっと待って、彼女ちょうどここにいるから。
かかってきた電話を渡すシーン。right hereで「ちょうどここに」。

⇨ 前ページの回答例 Don't check your email.

throw

さっ。
すばやく投げる単語。

連結ランキング

順位	表現	意味	回数
1位	throw＋人	〜に投げる	71回
2位	throw it	それを投げる	52回
3位	throw up	吐く，上へ投げる	50回

日本語ではスローですが……決してスローではないのです。

【さっと投げる！】がコアイメージ。

すばやく投げないとダメで、「ひょいと投げる」のはtossです。

putと同じく、「人が物体を動かす」動詞なので、後ろにつく前置詞は「物体を投げる方向性」をイメージしてみるとわかりやすいです。

ランキングで注目すべきなのは、なんと言っても3位の**throw up**。

「放り上げる」という意味でももちろん使えますが、ドラマではほとんどが**「嘔吐する（vomit）」**で使われていました。上に上がってくるイメージですね(笑)

他にも、**throw away**は、「投げる」＋「この場所から離れていく」イメージから、「投げ捨てる、無駄にする、浪費する」など。

throw inはみんな知ってるスローイン、「投げ入れる」です！

海外ドラマではこう使われる！

TRACK 47

I'll just throw it away. Ⓗ 2-19
私が捨てておくわ。

「捨てる」はdiscardよりもthrow awayがよく使われています。

I am gonna throw up. Ⓗ 1-10
吐いてきま〜す。

ベロンベロンに酔っ払ったテッドのセリフです。

I'm not just going to throw her out, okay? Ⓗ 5-3
彼女を処分するつもりなんてない、わかる？

大事にしていた「タル」にMabelと名前を付けて、throw awayではなくgive away(譲る)するというマーシャルの言葉。

1秒 英作文 「友達と遊びたい」 ⇨答えは次のページ

そのほか
重要動詞
13位

思考

suppose

**5時には帰ってるはずやねん!!
常識を主張する。**

連結ランキング

1位 **supposed to**
～することになっている 438回

2位 **suppose＋［文］**
（文の内容）だと思う 36回

supposeは英語ならではの新感覚単語。まず、「よくわからないこと」について「こう思います」と、**自分の意見を言える動詞。根拠が薄い段階で使うのでguessに近いです。**

I suppose＋文、I guess＋文はほぼ同じですが、I guessの方がドラマでは10倍多く使われていました。

注目すべきは圧倒的1位の**【be supposed to＋動詞の原形】**。

I'm supposed to work until 7.（7時まで働くことになっている）のように**【本来～である】**という義務や規則など常識を主張することができます。

have toやmustにも近いですが、**I have to work until 7**だと強制的に働かされている感じがでます。

一方、be supposed toは**それが当然のことと思っている**ニュアンスで相手にクレームを言うときに使えます。たとえば、突然「深夜まで残業しろ」と言われたときは…**I'm supposed to work until 7**！　約束をすっぽかされたときは…**You were supposed to come there!**

このように、**「非常識な展開で常識を主張する」**ときに使ってみましょう！

海外ドラマではこう使われる！

TRACK 48

I wasn't supposed to work today. Ⓕ 7-23
今日は働くことになっていなかったんです。

友達の結婚式があるから、早く仕事をあがりたいと主張するジョーイ。

I suppose you think she's hotter than me, too. Ⓗ 5-12
彼女は私よりもイケてると君も思ってるだろ？

I supposeとyou thinkで「私の考えの中のあなたの考え」を予測して言ってます。こういう二重構造のセリフがよく出ます。

⇨ 前ページの回答例 I want to hang out with my friends.

そのほか
重要
動詞
14
位

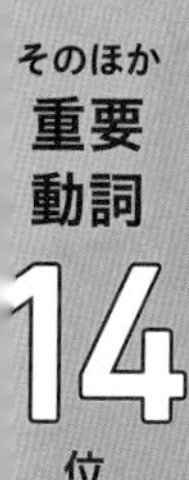

実行

fall

自力では逆らえん…
落ちていく単語。

連結ランキング

1位 **fall in love** 恋に落ちる 89回

2位 **fall asleep** 眠りに落ちる 71回

3位 **fall for** ～にほれる、だまされる 34回

fallといえばフリーフォール！……**【落下する】**です。
物理的に「落下する」、「雨が降る」、「倒れる」という意味もあれば、「(質や価格が) 落ちる、下落する」……**国家の没落から恋に落ちるまで、落ちるイメージであれば全部fallでいけます**。重力には逆らえないイメージ。
物体の移動なので、前置詞との組み合わせで使われることが多く、どこかの中に落ちる場合は**fall in**、落ちる感覚を強調するなら**fall down**、眠りに落ちるのが**fall asleep**。
fall offは、落ちて離れていく感覚なので、take offの逆バージョン。崖から落ちたり、ブランコから落ちたりするときに使えます。
また、ちょっと難しめが3位の**fall for**。forは目的を表す前置詞なので、I fall for the girl.で「その女の子にめっちゃ惚れ込む」、というニュアンスであり、1位の**fall in love**と近いです。おもしろいことに、fall forは「引っかかる、騙される」という意味でも使われ、「惚れ込みすぎてまんまとやられるのか～」と、なんとも切ない気持ちにさせられました。

海外ドラマではこう使われる!

TRACK 49

She looks like she'd fall for a sports agent. Ⓗ 2-10
彼女はスポーツ代理人に惚れてるようだね。

look likeで「～のように見える」という意味。fall forで「惚れる」です。

Tomorrow's not good. I'm supposed to fall off the Empire State Building. Ⓕ 3-7
明日はちょっと無理。エンパイアステートビルから落ちることになってます。

彼女のお父さんに会いたくないロスのジョークです。さらっと言うのがコツ（笑）

1秒 英作文 「あなたが彼女を呼ぶことになってたじゃない」 ⇨答えは次のページ

そのほか
重要
動詞
15
位

pay

お金も注意も敬意も払うのは全部pay。

連結ランキング

順位	連結	意味	回数
1位	pay for	～の代金を払う、報いを受ける	132回
2位	pay＋人	人に払う	63回
3位	pay to	代金を支払う、注意を払う	15回

アホみたいに楽しかった動詞編も…ついに最後となりました(涙)。

payのコアイメージは**【支払う】**ですが、日本語と同じく、お金や注意や敬意を払う場合に使えます。

ランキング1位は**pay for**。**I'll pay for dinner**のように、forの後ろに「何に対して支払うのか」を連結します。支払う相手を言いたい場合は、**I'll pay him $100**のように**【pay＋人＋支払うもの】**の順番でOK。

おごってあげるときに、I'll pay for youは「君のことを買うよ」に聞こえるので要注意です(笑)……**Let me pay**か**It's on me**でクールにキメましょう。

pay attentionは「注意を払う」。

pay offは支払ったものが「離れていく」イメージから「借金を返済する」です。pay offは「全部払い終えた！やった！」というイメージが派生して「成功する」という意味でも使えるのです！

海外ドラマではこう使われる！

TRACK 50

How much did you pay for that? Ⓕ 5-21
いくら払ってくれる？

How muchと合わせて使えます。

Marshall and Lily's hard work had paid off. Ⓗ 5-15
マーシャルとリリーのハードワークがついに報われた。

テッドのために結婚相手を探したことがpay offされたというシーン。

You think I'd give up being a minister and pay to ride the subway? Ⓕ 10-12
牧師さんになるのをあきらめて、お金払って地下鉄に乗るって思う？

大雪でフィービーの結婚式に牧師さんが来れなくなって、ジョーイが「僕が代わりにやるよ」とジョークを交えて懇願するシーン。

⇨ 前ページの回答例 You were supposed to tell her to come!

COLUMN

この本に出てくる、3つの海外ドラマを紹介します！

本書で注目していただきたいのは、ランキングだけでなく、**例文**です。
「自然な日常会話が使われている」とネイティブも推薦する海外ドラマ3作品の中から、使えそうなセリフばかりを厳選しています。
「例文が会話っぽくていいんやけど…バーニーってだれ？　レイチェルって男？　全くイメージできん…せめてマイクとケンにしてくれんか？」
…そんなみなさま、お待たせしました。ここで、**3つの海外ドラマの登場人物と内容**を簡単に紹介していきましょう！

❶ FRIENDS (1994～2004年)

ニューヨークの若者6人の恋愛や楽しい日常を描いたシットコム（シチュエーションコメディー）です。

登場人物は、ロス、ジョーイ、チャンドラーの男3人と、レイチェル、モニカ、フィービーの女3人。最初はドタバタ感が強すぎると思ってましたが…シーズンを増すごとに、笑いもキャラも安定してきます。関西人としては、アメリカの笑いを身につけて英語で外国人を笑かしたいとこですね。
そして、なんと言っても英語がわかりやすい。英語字幕で見てもらえば納

得なのですが、とにかく**使われている単語が中学校レベル**。haveやgetなど基本単語が組み合わせられ、多くのニュアンスが表現されています。英語学習のためにセリフを作ったんじゃないかと思うくらい、教科書的。本書の例文もFRIENDSが多めなのもそのためです。多くのネイティブがおすすめするのも納得できる、**英語教材としてもすばらしい作品**です。1話20分、基本は1話完結であり、内容もアホっぽくて気楽に見れます。

❷ SEX and the CITY (1998～2004年)

ニューヨークを舞台に、仕事に成功した30代独身女性の4人の生活をコミカルに描いたストーリーです。仕事と恋愛と友情の人生を、キャラクターの違う4人の成長とガールズトークを楽しみながら見ることができます。

キャリーはコラムニスト、ミランダは弁護士、サマンサはPR会社の社長、シャーロットはアートギャラリーのディーラー。
このドラマのもっともすごいところは、放送禁止用語、いわゆるFワードが惜しみなく使われている点です。**学校では教えてくれない英語**をとにかく学べます。過激な表現も多いですが、基本的にはオシャレでウィットに富んだ会話表現が多く、**恋愛系のフレーズ**をひととおり覚えられます。
主人公のキャリーの英語がスタンダードできれいなアメリカ英語で聞き取りやすく、発音の練習に最適。個人的にはシャーロットの英語が好きですが…サマンサの口癖「**fabulous**(すばらしい)」もチェックしてみてください。

❸ How I Met Your Mother (2005～2014年)

2030年、２人の子供の父親テッドは、子供たちにどのようにして彼らの母親（テッドの妻）に出会ったかを話し始める。若き日の父親テッドが子供たちの母親に出会い、恋に落ちるまでの話なのですが…それが、なんと9年間も続くのです（笑）。

シーズン8でやっとお母さんが登場するまでの伏線がすごすぎて…僕は9年間このドラマを夢中で見続けました。天才的にストーリーが作りこまれており、アホらしさと切なさのバランスがすばらしいです。
英語はFRIENDSよりも難易度は高めですが、真ん中スーツの**バーニーのおもしろキャッチフレーズ**や、**英語ならではの言葉遊び**が多いのが特徴。いじったり、ボケたり、関西人トークの英語版みたいなノリがあり、楽しいコミュニケーションを学べる…**英語で見るからこそ楽しめる作品**です！
これらのドラマは、U-NEXT、Hulu、Disney＋などの動画配信サービスなどで見られますが（2023年7月現在）、配信状況は変わりやすいので、それぞれチェックしてみてください。
ドラマを使った学習方法は僕の著書『海外ドラマはたった350の単語でできている』に詳しく書いていますのでそちらも参考にしてください。

PART 2

魔法の架け橋 前置詞ランキング

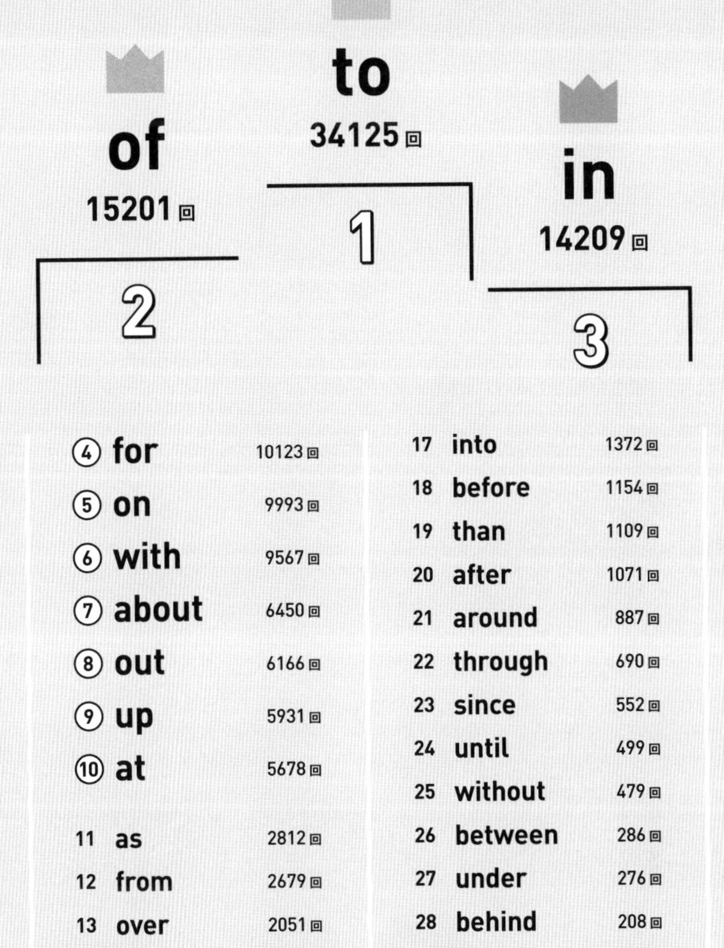

④	for	10123回
⑤	on	9993回
⑥	with	9567回
⑦	about	6450回
⑧	out	6166回
⑨	up	5931回
⑩	at	5678回
11	as	2812回
12	from	2679回
13	over	2051回
14	by	1865回
15	off	1809回
16	down	1793回
17	into	1372回
18	before	1154回
19	than	1109回
20	after	1071回
21	around	887回
22	through	690回
23	since	552回
24	until	499回
25	without	479回
26	between	286回
27	under	276回
28	behind	208回
29	till	206回
30	along	186回
31	across	182回

Let's go to New York!

INTRODUCTION

前置詞という橋で、付け足す！

前置詞といえば…at、of、off、onなどですよね。
数にしてたった20個ほど。あなたは使いこなせていますか？
アメリカに行く前は、僕はatは「~で」、ofは「〜の」、offは「~から」。
と覚えていました。しかし、この理解では、**前置詞のことを0.1%もわかってやれていなかった**……と痛感しています。
そもそも前置詞ってなんなのか？　一緒に考えてみましょう。

英語は、主語に近いものから発想していく。

まずは英語の語順の基本ですが…【主語→動詞→その他】。
これはつまり、**【私(主語)に近いところから順番に言葉を並べていく】**ということです。日本語のように「を」や「は」のような助詞をつけなくても成立するのは、英語では**単語が配置される場所によってその意味が決定するから**。たとえば、Kana plays the pianoというセリフを考えてみましょう。

カナがいて(Kana)、弾いている手(plays)があって、その先にピアノ(piano)がある。主語から近い順に並んでいますよね。
途中に前置詞を入れなくても完成されたセリフ。これが**骨格**です。
では、この文にさらに「me(私)」を加えてみてください。

Kana plays the piano me …??

「カナ→弾く→ピアノ」まではカナに近い方から順番に単語を並べれば理解できますが、**次のme(私)が、「カナがピアノを弾いている」とどんな関係にあるのかが全く わからない**ですよね。

私はカナのピアノを聴いているのか？　それとも一緒に弾いているのか？　私のことを考えているのか？　そして、ここで登場するのがKana plays the pianoとmeの2つをつなげて、橋渡しをする存在が**前置詞**なのです。

前置詞は2つのかけ橋。

Kana plays the pianoを「A」とします。

「me」は「A」をさらに詳しく説明するためのパーツ「B」。この2つの間をくっつけるのが前置詞。つまり【A+前置詞+B】の構造です。

Kana plays the piano

Kana plays the piano

with me

たとえば、前置詞がforであれば、forは【A→B】、Aが目的地Bに向かっているイメージなので、Kanaはmeに向かってピアノを弾いている。つまり、カナは私のためにピアノを弾いている意味になります。

前置詞がwithであれば、withは【共にある】という前置詞なので、カナは私と一緒にピアノを弾いているイメージになります。

前置詞で橋渡しすれば、ペラペラ話せる。

おそらく学校では、(with me) (for me)のように(前置詞+B)にカッコをつけて、後ろから前に矢印をつけて訳して返り読みしたと思います。
が…この考え方は最悪です。
なぜなら、実際の英会話では高速で話されていくので、後ろから前に戻る暇など一切ないからです。英語を話すときも、前から後ろへ言葉をつなげていかない限り、ペラペラ話すことはできません。

では、どうすれば英語の順番で発想できるのか…… たとえば、相手が「I played the piano」と言ってきたとします。すると、いつ？　どこで？　だれと？　なんで？……のように**「もっと詳しく！」**と思いますよね。
その**自然に浮かんでくる疑問を前置詞という橋を使って、付け足していけばよい**のです。
I played the piano ... at the restaurant ... in Osaka ... for her students ... with a hangover ... until Kana came back.

このように、【I played the piano】という幹があって、そこから前置詞でいくつも枝がついているようなイメージ。**【A→前置詞→B】**の順番にイメージする。これでいくらでも前置詞を使って説明を加えることができるのです。

前置詞のコアイメージを理解しよう！

もう1つの前置詞の重要な役割が【基本動詞＋前置詞】の組み合わせの「句動詞」です（【基本動詞＋副詞】の場合もあります）。動詞編でもお話ししましたが、動詞が持つイメージと前置詞が持つイメージを合わせます。

たとえば、put onであればputは「位置させる」、onは【接触】。

つまり、どこかに「接触させて位置させる」というイメージ。

I put on your raincoat.（あなたのレインコートを着た）

I put my bag on the table.（テーブルの上にバッグを置いた）

I put on a Band Aid.（バンドエイドを貼った）

「着る」でも「置く」でも「貼る」でも、動詞と前置詞、それぞれのイメージに当てはまれば、全部**「put on」**で言えるのです。

というわけで…大事なのは**【前置詞が持つ本質的なコアイメージを思い浮かべられる】**ということなのです。

本章では、ドラマで頻出の22個の前置詞を8つにグループ分けし、それぞれ**【A-前置詞-B】の関係がわかりやすくつかめるよう解説しました。**

さらに、注目していただきたいのが、**【連結ランキング】**。

今度は前置詞側から、よく使われる句動詞をランキング化しています。

これが、**会話で使えるフレーズのベストアルバム的**な美味しすぎるランキングになっていますので、ぜひ活用してくださいね。

それでは、アホみたいに楽しい前置詞編、いってみましょう〜！

GROUP 1

ゴール地点への
矢印を表す

移動系前置詞

to / for / into

まずは移動系前置詞。３つの前置詞に共通するのは、向かっていくその行き先だったり目的だったり、**【A→その向かう先にあるのは→B】**という順番で考えるとわかりやすいです。
これらの前置詞は、**目に見えるわかりやすい動き**があり、動きがあることから**時間の流れを感じられる**のが特徴です。

to
到達

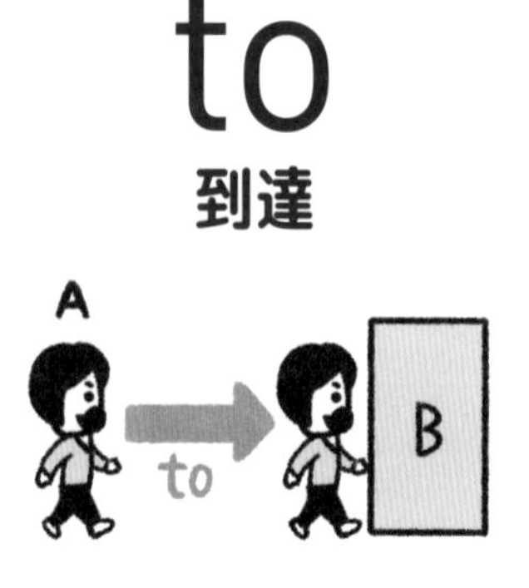

【連結ランキング】

1	want to	～したい	3309
2	have to	～しなければならない	3187
3	go to	～へ行く	1628
4	get to	～へ着く、～する機会を得る	1097
5	try to	～しようとする	912
6	need to	～する必要がある	843
7	talk to	～に話しかける、話し合う	830
8	back to	～に戻る	481
9	(be) supposed to	～することになっている	450
10	like to	～するのを好む	446

toは「～へ」という方向を表していると学校では教わったのですが、toのコアイメージは**【２つのものが向き合う】**です。
I go to Osaka at 7は、７時に家を出たのではなく、７時に大阪に着いているという意味。私と大阪が向き合っている……つまり**【到達、ゴール】**しているということです。ランキングの**go to**、**get to**、**back to**は全て到達していることを表しています。また、**want to**、**have to**、**try to**、**need to**、**like to**、**supposed to**は**【動詞の原形】**が連結します。その動作に到達している状況を空想しており、助動詞のように使います。

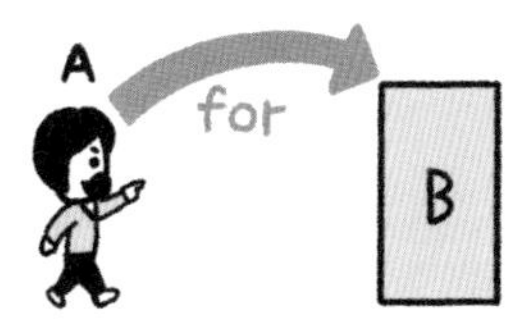

【連結ランキング】

1	wait for	～を待つ	301
2	look for	～を探す	279
3	thanks for	～をありがとう	202
4	time for	～の時間	136
5	pay for	～の代金を払う	132
6	ready for	～の準備をする	118
7	good for	～にとってよい	114
8	go for	～しに行く	110
9	work for	～で働く	106
10	happy for	～と一緒に喜ぶ	88

forのコアイメージは**【目標、目的に向かって行く】**です。
go for a drink（飲みに行く）や**go for some milk**（ミルクを買いに行く）のように、人が行動する多くの場合、そこには**目的や意味**があります。よって、目指す方向性をforによって定めていくイメージ。ランキングの**wait for**も**look for**も、目的があって「待つ」、「探す」ということですよね。

【連結ランキング】

1	get into	～に入る、身につける、熱中する	95
2	go into	～に入る	94
3	run into	～に偶然会う	85
4	turn into	～に変身する	58
5	walk into	～へ歩いて入る	34
6	back into	～へ再び戻る	29
7	bump into	～に衝突する、ばったり会う	24
8	come into	～に入ってくる、加わる	24
9	move into	～に入居する	17
10	fall into	～に流れ込む	14

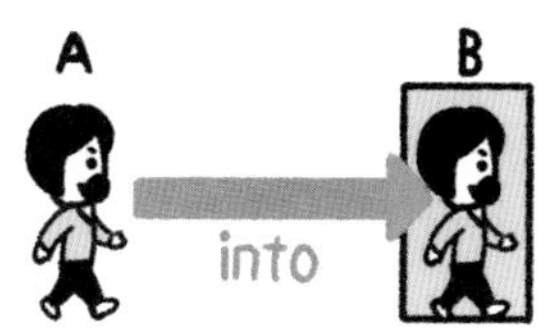

intoはin + toです。**【空間や概念の中に入っていく】**イメージ。**She came into the house**（彼女は家の中に入ってきた）のように使えます。
ドラマで何度も登場するイディオムが3位の**run into**。**I run into Zoey**だと、「ゾーイに走ってぶつかった」ではなく、ぶつかるように**【偶然出会った】**。7位のbump（衝突する）も**bump into**で同じく「偶然に会う」です。**turn into**はくるっと違うモードへ入っていくイメージから「がらりと変わる（変身する）」。北米版『千と千尋の神隠し』でも両親が豚になる衝撃シーンで、**They did turn into pigs**が使われています。

GROUP 2

どのようにつながっているかを表す

関係性前置詞

of / off / from / by

次は関係性前置詞。４つの前置詞に共通するのは、**AとBとの関係性**。「AはBにつながっている（of)、離れている（off)」のように、別の何かとの関係性を言うことで、「Aって一体なんやね〜ん？」をわかりやすくしていくのが関係性前置詞の特徴です。**見た目ではわかりにくい関係性や影響を語ることができます。**

of つながりの鎖

〖連結ランキング〗

1	out of	〜から外へ、の中から	1282
2	kind of	〜の種類、性質、みたいな	1133
3	one of	〜の1つ	778
4	a lot of	たくさんの	438
5	think of	〜のことを考える	328
6	all of	〜のすべて	260
7	get out of	〜から出る	240
8	part of	〜の部分	225
9	end of	〜の終わり	170
10	any of	〜のいずれか	163

ofは「〜の」って…本質がイマイチわかりづらいですよね。
イラストのようにAが鎖でBとつながっていると考えてください。**a lot of people**、**one of my friends**のように、**【部分of全体】**ということです。英語は日本語と逆で、まず部分を言ってから全体を言うのがルールなので、ofが多用されますが、難しく考えずイラストを思い浮かべて、ofが出たら**「ofの鎖につながっている本体はBである」**とイメージを描けば大丈夫です。
Aには名詞が入ることが多いですが、**think of**、**hear of**のように動詞が入る場合も。think aboutやhear aboutとほぼ同じですが、とりあえず考える、耳にする場合によく使われるのがof。aboutの方がよりBに関心があるイメージです。

off 離れていく

ofからoffが生まれたという説もあるらしく、つながっていたofの鎖が切れて、**【本体のBからAが離れていく】**……これがoffのイメージです。**I got off the train**（電車を降りる）、**I took off my shoes**（靴を脱ぐ）など。

〖連結ランキング〗

1	take off	～を脱ぐ、離陸する	132
2	get off	～から降りる、～から離れる	118
3	turn off	～を止める、消す	37
4	go off	立ち去る、離れる、消える	31
5	come off	外れる、実現する	24
6	fall off	離れ落ちる、減少する	22
7	cut off	切り取る、中断する	18
8	right off	すぐに	18
9	pull off	車を道路の脇に止める	18
10	run off	走り去る、流れ出る	15

from 起点

〖連結ランキング〗

1	away from	～から離れて	180
2	come from	～から来る、由来する	99
3	from now	これから、今後	82
4	hear from	～から連絡をもらう	42
5	call from	～からの電話	22
6	go from	～から行く	21
7	years from now	今から～年後に	18

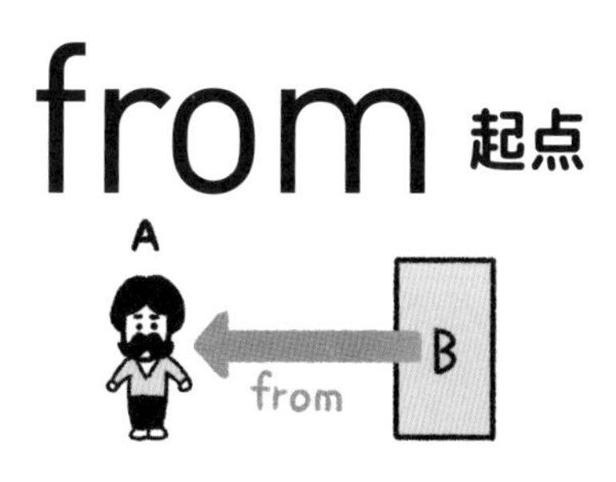

fromのイメージは**【起点】**。**I am from Japan**のように出身地だけでなく、出発地（**come from**）、原料（**made from**）などの意味でも幅広く使えます。

by 影響

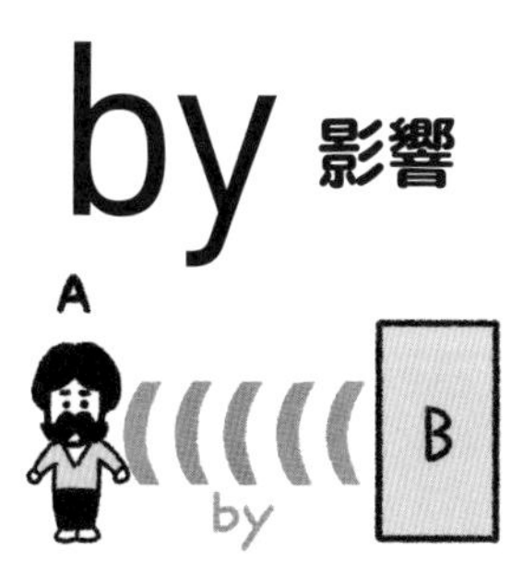

〖連結ランキング〗

1	stop by	～に途中で立ち寄る	51
2	come by	～までやってくる	44
3	by myself	私1人で	41
4	go by	～のそばを通り過ぎる	33
5	mugged by	～によって強奪される	26
6	by yourself	あなた1人で	21
7	followed by	～に続いて	21
8	hit by	～にはねられる	16

電波塔Bから**【Wi-Fiの電波が出てるようなイメージ】**がbyです。
「**近く**」、「**影響**」、「**支配**」、「**期限**(p.140)」などいろいろなニュアンスで使えます。

GROUP 3

どのようにくっついているかを表す

時空間系前置詞

in/at/on

Aが存在している時間、場所はどこであるかを説明するのが時空間系前置詞です。**どんな場合でも「時間」と「場所」は必ずついてくる**ので、状況を詳しく説明するために、inやatを使って言葉を足していくのが会話の王道です。3つの前置詞は少しずつニュアンスが違うので、比較しながら違いを見ていきましょう。

in

広がりのある空間の中

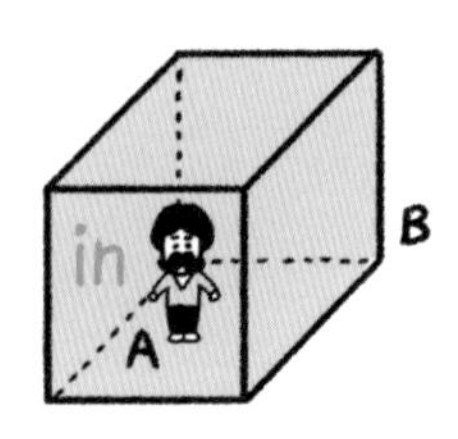

【連結ランキング】

1	get in	～に入る、～乗り込む	274
2	come in	～に入る	260
3	live in	～に住む	193
4	move in	～に引っ越してくる	172
5	fall in	～へ落ちる	102
6	believe in	～の存在を信じる、信頼する	101
7	stay in	～にとどまる	73
8	work in	～で働く	63
9	be interested in	～に興味がある	58
10	go in	～に入る	52

inのコアイメージは、**【広がりある空間の中に】**です。ランキングをながめてみても、物理的に空間の中にいるイメージが多いですね。
また、時間にもinが使われます。**Let's meet in three days**（3日後に会おう）。**3日間**という時空間の中に水が溜まっていくようなイメージ。Let's meet after three daysとは言いません。2ヶ月後なら**in** two months。
6位の**believe in**は神様など大きな存在を信頼するイメージ、9位の**be interested in**は未知の広がりを知りたい感じが出せます。

at
1点での接触

【連結ランキング】

1	look at	～を見る、注目する	972
2	mad at	～に腹をたてる	99
3	good at	～が得意である	96
4	stare at	～をじっと見つめる	66
5	work at	～で働く、～に取り組む	55
6	yell at	～を怒鳴りつける	44
7	meet at	～で出会う	37
8	stay at	～に泊まる	33
9	bad at	～が苦手である	18
10	stop at	～で止まる	13

atはイラストのように**【AとBが1点で接触している】**イメージです。**I waited for him at the bus stop at 8**であれば、「バス停」と「8時」、2つの小さな点の上で私が彼を待っているイメージです。ランキングのダントツすぎる1位は、**look at**ですね～！　1点に意識をバシッと絞りこんで見るニュアンスです。その他のランキングも「1点集中」という感覚で理解できます。

on
べったりと面で接触

【連結ランキング】

1	come on	おいで、急いで	1614
2	go on	続ける	575
3	hold on	つかまる、固定する、電話を切らずに待つ	194
4	move on	先へ進める	167
5	work on	～に取り組む	139
6	put on	上に置く、身につける	123
7	get on	乗る、身につける	91
8	hang on	しがみつく、電話を切らずに待つ	76
9	crush on	～に恋している	41
10	turn on	つける、スイッチをオンにする	35

「onって上やん？」……そうじゃないんです。onの本質は**【接触】**です。
atは1点に存在することを言っていますが、onはそこに**べったりとくっついている**イメージ。**on the bus**ならバスの床の上に立っているし、**on time**なら、まさに「その時間に接している」ことから**【時間通り】**という意味になります。ランキングを見てみると、**go on**、**hold on**、**move on**、**hang on**のように、ベタッと今の状態をくっつけたまま**「時間が続いていく」**ニュアンスのものが多いです。9位の**crush on**（恋している）もカジュアルな会話でよく使われます。さらに、**I depend on him**のように、何かに**【べったり依存している】**状態も言えます。

GROUP 4

\ どちらに向かって いくかを表す /

位置系 前置詞

out/up/down

ここまでの前置詞はすべて、AとBの配置や関係性をイメージで理解してきました。が、この位置系前置詞は**Aの位置だけを説明するニュアンスで使われる場合が多く**、少し特殊です。たとえば、I got upであれば、私が起き上がったことを言ってるので、Aだけで完結していますよね。基本単語との組み合わせがとても多いので、ランキングをぜひ活用してみてください。

out
外側

〖連結ランキング〗

1	go out	外出する	415
2	get out	出る	382
3	find out	見出す、発見する	247
4	hang out	遊ぶ、一緒に過ごす	225
5	come out	出てくる	200
6	work out	運動する、うまくいく	173
7	turn out	判明する、消す	163
8	freak out	興奮する、動揺する	137
9	figure out	答えを見つけ出す	118
10	make out	いちゃつく	101

outのコアイメージは**【外側】**です。
まず、**go out**、**get out**、**come out**は中から外へと移動するイメージ。
次に、『進撃の巨人』のように、あなた自身が壁の内側に閉じ込められていることをイメージすると、外側の新しい世界を知るのが**find out**や**figure out**（見出す）。
内に秘められてた何かが、ターンして外の世界に飛びだすと**turn out**（判明する）。
どうなるかよくわからないことが、外側の現実世界で機能すると**work out**（最終的にうまくいく）。
…このように、新たな展開が起こるときに使えるものが多いです！

up
上、仕上げ

〖 連結ランキング 〗

1	**break up**	別れる	349
2	**pick up**	拾い上げる	216
3	**come up**	上がる、昇る	212
4	**give up**	あきらめる	166
5	**get up**	起き上がる	147
6	**show up**	現れる	141
7	**hang up**	電話を切る	103
8	**make up**	作り上げる	99
9	**wake up**	目を覚ます	87
10	**hook up**	性的な関係を持つ	84

upのコアイメージは**【上】**です。**pick up**は「車に拾いあげる（迎えに行く）」だし、**throw up**は「胃から吐き出す」、**come up**は「芽を出す、日が昇る」。どれも上に上がるイメージです。また、この「上がる」は、すごろくの「あがり」と同じニュアンスで、**【完全になる】**の意味でよく使われます。**break up**（完全に壊れる→破局する）、**make up**（完全に作る→化粧する、でっち上げる）、**clean up**（完全に整理する）。さらに、会話でよく使われるのが**It's up to you!**　これは「up→完全に」「to you→あなたに向き合っている」、つまり**【あなたしだい】**ということ。

down
下

〖 連結ランキング 〗

1	**go down**	下がる、降りる、沈む	1614
2	**sit down**	すわる	575
3	**come down**	下がる、降りる、降る	194
4	**calm down**	気分が落ち着く、静まる	167
5	**settle down**	身を落ち着ける、身を固める	139
6	**walk down**	～に沿って歩く	123
7	**lie down**	横になる	91
8	**look down**	見下ろす	76
9	**fall down**	落ちる、倒れる	41
10	**slow down**	速度を落とす	35

downのコアイメージは**【下】**です。go up ⇆ go downやlook up ⇆ look downのように物理的な動きはupの逆方向と考えれば大丈夫です。
日常会話で使えるのが4位の**calm down**と5位の**settle down**。どちらも**【落ち着く】**ニュアンス。特にsettle downは新しい環境に慣れるときに使えます。

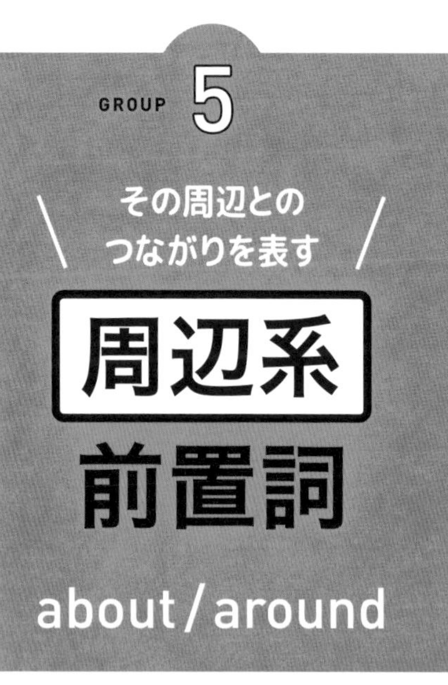

この周辺系前置詞は、どちらもBの周辺というニュアンスです。
しかし、ドラマを分析してみると、**aboutは心や頭の中のイメージ**を語り、**aroundは物理的な動き**について語ることがはっきりと見えてきました。どのような単語と組み合わされるのか、ぜひランキングに注目してみてください！

about
ふわふわ、その周辺

〘 連結ランキング 〙

1	talk about	～について話す	935
2	think about	～について考える	626
3	what about	～はどうする？	332
4	how about	～はどう？	196
5	worry about	～について心配する	188
6	know about	～について知っている	160
7	care about	～を大切にする	136
8	forget about	～について忘れる	86
9	sorry about	～について申し訳なく思う	72
10	excited about	～にワクワクする	52

aboutのコアイメージは**【周辺】**です。
日本語でもざっくりしたことを「アバウト」と言うように、「およそ」というニュアンスでよく使われます。
また、日常会話では**【頭の中の考え】**をaboutで言うことが多いです。**Let's talk about the problem**（その問題について話そう）であれば、the problemのまわりにふわふわと雲があるイメージで、**【問題に関連したことをいろいろ話そう】**

というニュアンス。
ランキングをながめてみても、talk、think、know、care、feelなど知覚動詞がずらりと並んでいます。「考える」「感じる」ということは、**ある対象に関連することやよくわからないこと**を考えたり感じたりするということなので、aboutとの相性がよいのです。

around
ぐるぐる、その周囲

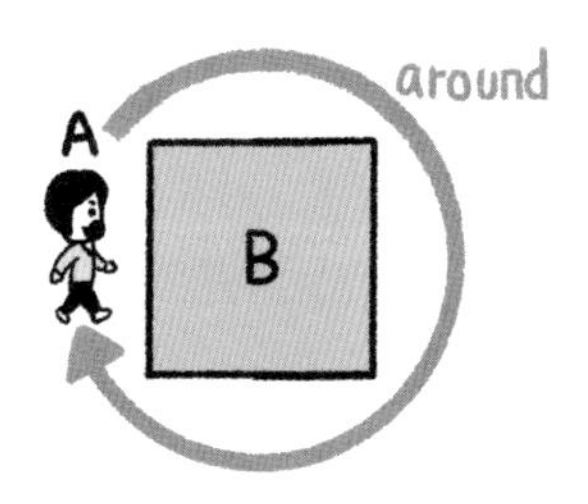

〖 連結ランキング 〗

1	turn around	振り向く、回転する	45
2	walk around	歩き回る	38
3	sit around	だらだら過ごす	33
4	look around	見回す	30
5	fool around	だらだらする、いちゃつく	24
6	go around	一回りする、広まる	23
7	come around	ぶらっと訪れる	18
8	run around	走り回る	12
9	mess around	だらだら過ごす	12
10	lying around	散らかされる	10

aroundのイメージは**【周囲】**。
go aroundはメリーゴーランドみたいにぐるぐるまわりを回る状態をイメージすればバッチリです。**【AがBの周辺を移動している】**場合に使われることが多く、**walk around**、**look around**、**run around**などの人の動きを表すフレーズが上位にランクインしています。
第1位の**turn around**は、「くるっと後ろを向く」様子だけでなく、「悪い状況がくるっと好転する、回復する」など、幅広い意味で使うことができます。
また、10位の**lying around**はDon't leave your toys lying around（おもちゃを散らかしたままにしないで）と、モノが周辺に散らかっている状況を言うことができます。
さらに、知覚動詞に連結する場合。talk about the planは計画についていろいろ話すイメージですが、talk around the planだと、その計画の中心を避けてまわりを回る……つまり**【遠回しに話す】**ようなニュアンスになるのです。

GROUP 6

どのように通過するかを表す

通過系前置詞

over / through / across

over、through、acrossは、どれも**【AがBの向こう側に行く】**というイメージで使われることが多いですが、イラストを見れば一瞬で使い分けられます。
Bは壁、トンネルなど超えていきたい何かの象徴として考えれば、**【困難を乗り越えていく】**ニュアンスを言うことができます。

over
高く超えて

〖連結ランキング〗

1	come over	訪ねて来る	149
2	get over	乗り越える	102
3	go over	訪ねて行く、深く考える	72
4	pull over	車を路肩に寄せて止める	29
5	take over	引き継ぐ、奪い取る	15
6	walk over	～の上を歩く	14
7	look over	見渡す、点検する	13
8	fight over	～のことで争う	13
9	bend over	腰をかがめる	13
10	cry over	～を嘆く	9

overのコアは**【放物線を描くように越えて】**です。
ランキング1位の**come over**は遠くからだれかがやってくるときや、ある感情が自分の意思を越えてやってくるときにも使えます。
2位の**get over**は**【越えていく状態になる】**、つまり立ちはだかる壁を「乗り越える」という意味になります。**start over**は、もう一度乗り越えていく（再出発）という意味でしたよね（→p.101）。

through

通り抜けて

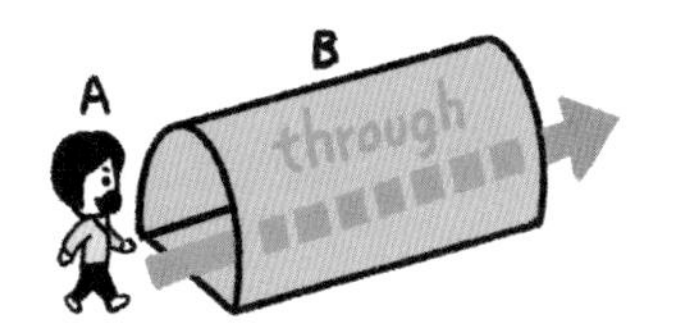

〖 連結ランキング 〗

1	go through	通過する、困難を経験する	129
2	get through	通過する、切り抜ける	35
3	come through	通り抜ける、やり遂げる	28
4	walk through	～を通って歩く	20
5	look through	～に目を通す	11
6	right through	初めから終わりまで	10
7	sit through	終わるまで席についている	9
8	fall through	～に落ちる、失敗に終わる	8
9	halfway through	道半ば	7
10	run through	走り抜ける、ざっと読む	6

throughのイメージは**【空間を通り抜ける】**。**go through**であれば、トンネルを通り抜けるイメージ。「通行する」、「体験する」など**暗いトンネルの中で困難を味わっている場面**でよく使われます。一方、**get through**は**【通り抜けた状態になる】**なので、トンネルを通過してゴールに「たどり着く」、「切り抜ける」、「試験に合格する」など、困難を乗り切った！という場面。先ほどのget overと同じニュアンスで使えます。

across

向こう側

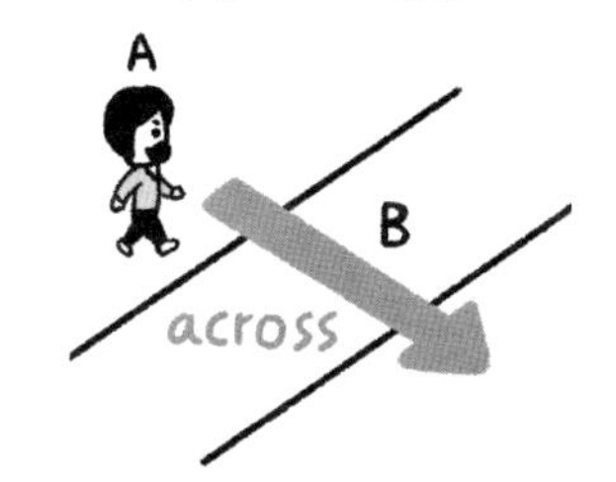

〖 連結ランキング 〗

1	go across	～を横切る	13
2	come across	～を渡って来る、出くわす	11
3	walk across	～を歩いて横切る	6
4	live across	～の向かいに住む	6
5	sit across	～の向かいに座る	5
6	look across	～の向こう側を見る	2

acrossのイメージは**【何かを挟んで向こう側】**。across the street、across the riverのように、道や川が間にあって、それを越えて向こう側。なので、**go across**であれば「横切る」という意味になります。goは手段を問わないので、横断歩道を渡るのも、船で向こう岸に行くのも、go acrossで言えます。

また、Bは長いものじゃなくても大丈夫であり、**I jumped across the hole**（私は穴を飛び越えた）、**I seated across the table**（テーブルで向かい合って座った）…いろいろ言えるので便利です！

GROUP 7

到達点への向かい方を表す

期限系前置詞

by / until / till

「byとuntil、どっちが【まで】で、どっちが【までに】やねん!!!」と受験のときには発狂しそうでした。
実はこの2つの単語は全く違う意味なので、日本語訳で覚えるのではなく、イラストで理解するとスッキリします。**byはピンポイントで何かが起こる動詞、untilは継続的な動詞**とセットで使うのがコツです。

by 締め切り、デッドライン

〖 連結ランキング 〗

1	by now	そろそろ	42
2	by then	それまでには	17
3	start by	～までにはじめる	13
4	end by	～までに終える	1
5	by when	いつまでに	1

アメリカで働いているときに、毎日ボスから仕事とdeadline→7/4のようなメールが送られてきましたが、byは**【締め切り】**の意味でも使えます。131ページのようにbyは電波塔BからWi-Fiが飛んでいるイメージ。ここでは、**【この電波の範囲内で実行すればよい】**というニュアンスです。**I have to finish by 7**や**I will go there by noon**のように、finishやgoなどある1点を表す動詞と一緒に使われます。B地点までの範囲であればどこでもよいのがby。B地点までねっとりと続くのがuntil。byは点、untilは線とイメージで考えるとわかりやすいです。

until / till

ねっとりと時間が続く

〖until の連結ランキング〗

順位	連結	意味	回数
1	**wait until**	～までずっと待つ	34
2	**not get～until**	～までずっとgetしない	17
3	**have～until**	～まで～ずっと持っている	13
4	**not go～until**	～までずっと行かない	10
5	**not leave～until**	～までずっと出発しない	9
6	**stay～until**	～までずっととどまる	8
7	**keep～until**	～までずっと取っておく	8
8	**not tell～until**	～までずっと言わない	7
9	**not see～until**	～までずっと見ない	6
10	**work～until**	～までずっと働く	5

〖till の連結ランキング〗

順位	連結	意味	回数
1	**wait till**	～までずっと待つ	43
2	**stay～till**	～までずっととどまる	11
3	**have～till**	～まで～ずっと持っている	7
4	**keep～till**	～までずっと取っておく	4
5	**sleep～till**	～までずっと眠る	4
6	**talk～till**	～までずっと話す	4
7	**not leave～till**	～までずっと出発しない	4
8	**not get～till**	～までずっとgetしない	4
9	**work～till**	～までずっと働く	3
10	**not come～till**	～までずっと来ない	3

untilのイメージはとにかく**【続いている】**です。「～までずっと」と覚えるとわかりやすいです。tillも全く同じ意味ですが、tillはuntilの省略形であり、正式な書面ではuntilを使います。**I wait for him until 7**だと、7時までねっとりと待ち続けている様子がイメージできます。ランキングの動詞を見てみてください。**waitもstayもkeepもworkもねっとり時間の流れを想像できる単語ばかりですよね。**それぞれの時間がどこまで続くかをuntil / tillで言っています。

さらに注目したいのが否定形の使い方。goやleaveのようなある1点を表す動詞でnot go ～ until(～まで行かない)、つまり「Bにたどりついて初めてgoする」という「goを行うための条件」を示すことができます。

I can't leave until you come (あなたが来るまで出発できない)

このようにuntilには文を連結することができ、次の動作の開始条件を言えるのです。知っていれば日常会話ですごく使えます。

GROUP 8

共にあることを表す

同時存在系前置詞

with / without / as

ここまでの前置詞は、AがBに対して上なのか、外なのか、超えるのか…どのように結びついているのかということを示しましたが、最後のグループは……AとBが**「ただ共にある」**ということ。そう、haveの感覚に近いのです(→p.18)。いろいろな使い方がありますが、**withは「A＋B」**のイメージ、**asは「A=B」**のイメージと覚えておくとわかりやすいです。

with / without

共にある、共にない

【連結ランキング】

1	sleep with	～と寝る	411
2	in love with	～に恋している	251
3	go out with	～と付き合う、デートする	201
4	have sex with	～とセックスする	172
5	wrong with	～にとって具合が悪い	168
6	go with	～と行く、～と関係が進展する	164
7	break up with	～と別れる	162
8	live with	～と住む	153
9	come with	～とやって来る、～を搭載している	108
10	hang out with	～と遊ぶ、飲みに行く	80

withの感覚は**【A＋B】**。同じステージ上に2つが一緒にいるのがwithです。
まずはランキングをご覧ください。何か気づきませんか？
…そう、**【だれかと一緒に】**というものが非常に多く、**sleep with、in love with、go out with、break up with**など**「恋愛」に特化して使われるイディオムのオンパレード**。「対になる」のが恋愛なので、withが使われるのも納得の結果です。また、a cup with handles（とってのついたコップ）やwrite with a pencil（鉛筆で書く）のように付帯しているもの・状況や、道具を使った手段まで言えます。さらに、**I came home with a cold**（風邪ひいて帰ってきた）、**I came home with a problem**（問題を抱えて帰ってきた）…このように、【主語の状態】について、付け足してくわしく説明することもできます。
逆に、withoutは「～ なしで、～ を持たないで」というイメージ。
I went to the party without a coat（コートを着ないでパーティーに行った）、**I came home without money**（一文無しで帰ってきた）のように、本来withしているものがないイメージです。

as
そこにある意識

【連結ランキング】

1	as＋[文]（人の主格）	（文の内容）として、と同じように	478
2	as well	そのうえ、おまけに	120
3	as long as	～する限り、～だけずっと	101
4	as much as	～と同じ程度に	53
5	as soon as	～するとすぐに	50
6	as if	まるで～するかのように	28
7	as you know	ご存知だと思いますが	22
8	as a friend	友達として	21
9	as possible	可能な限り	20
10	as good as	～も同然	20

M1グランプリを見ていたとき。決勝で敗退したコンビ「かまいたち」が、「ここからは、キングオブコント王者“として”見させていただきます！」と笑いを取ったシーンで、僕は腑に落ちました。彼らがM1を見るという行為は全く同じ。けれど意識を変えると。つまり、そこに**【どんな意識を持っているか】**を言えるのがasなのです。たとえば**I like you as a friend**（友達として好き）であれば、頭の中ではas a friend**【友達としての意識】**を持っているということ。
ドラマでよく使われていたのは、as long as、as much as、as soon as。
I can go to New York as long as I get passport.（パスポートをとれば）
I want to go to New York as much as you want.（あなたと同じくらい）
I have to go to New York as soon as I can.（できるだけ早く）
上から**「条件」「程度」「期限」**です。前半の文を言いながら、同時に**【私が持っている意識】**をアズアズで加えるイメージ。名詞だけでなく、文を連結することができます。

PART 3

空想を語る

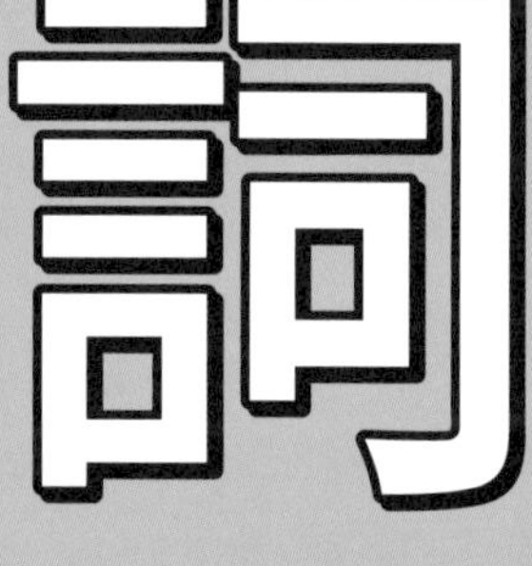

ランキング

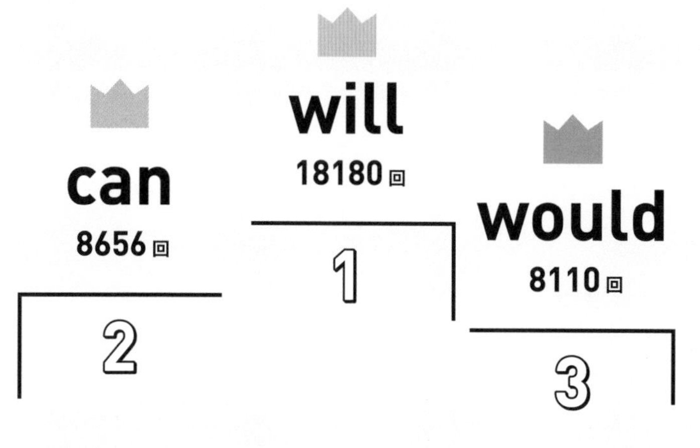

④ could 3391回
⑤ should 2448回
⑥ might 685回
⑦ may 544回
⑧ must 471回

・口語助動詞ランキング・

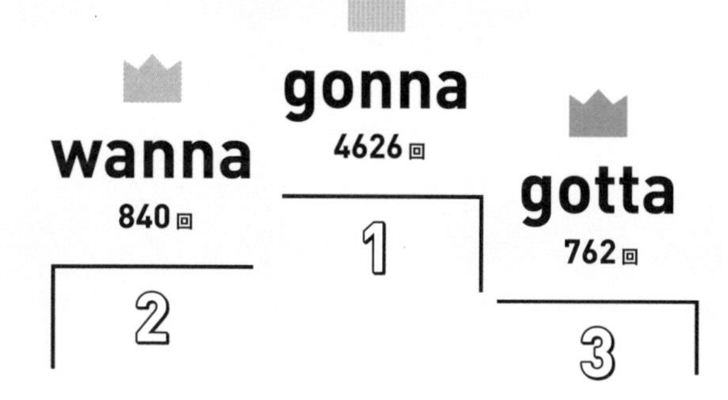

I will show you my dream!

INTRODUCTION

助動詞で空想を広げる！

助動詞とは一体なんなのか？

「助動詞は動詞を助ける役割です」と僕は学校で習ったので、なんとなく理解してたんですが……そもそも助動詞って何なんでしょうか？
まず助動詞のないセリフ。現在形I have coffeeは、ふだんコーヒーを飲むという「習慣」を言ってるし、I had coffeeは、コーヒー飲んだという「事実」を言ってます。どちらも私はコーヒーを飲んでますよね。
…では、助動詞をつけてみましょう。

I will have coffee. / I could have coffee. / I can have coffee. /
I should have coffee. / I must have coffee.

前から順番に…「コーヒーを飲もう」「コーヒー飲むのもありやな」「コーヒー飲めるで」「コーヒー飲むべき」「コーヒー飲まなあかん」。
そうなんです………**【どれもコーヒー飲んでないのです】**。
コーヒーを一口も飲んでないのに、コーヒーを飲むことについてごちゃごちゃ言っている。つまり「空想」。
……**そう、助動詞の正体とは、すなわち【空想なのです】**。
「空想って、だれのやねん？」 He can have coffeeもShe would have coffeeもYou should have coffeeも、空想してるのは彼でも彼女でもあなたでもないのです。**【私が空想しています】**。……ここが最大のポイントです。「She will have coffee.」と、隣のおっさんが言った場合は、隣のおっさんが空想しています。助動詞とはそれを語ってる人の空想……つまり**【主観】**なのです。

よくわからないことを考え、語るのが日常会話。

日本語では、「明日は雨です」、「今は雨です」のように未来も現在も同じように言えます。しかし、英語では、未来、つまり「頭の中の空想を語る」とき、willやcanやmightのような助動詞を使うことで、「これは私が空想してますよ〜」と現実と空想を明確に区別する必要があるのです。

「いやいや…普通に現実を生きてるし、そんな空想とかしてないし！」

…と思われるかもですが、日本語で普段考えていることって、「英語どうやったら話せるかな〜？」とか、「あの人は私をどう思ってるかな〜？」とか、「週末どこ行こか〜？」とか、「老後どうしようか〜？」とか。

ほとんどが……**【まだ起こってないこと、よくわからないこと】**ですよね。

そして、これを語るのがズバリ……助動詞なのです！

助動詞を使いこなせれば、英語を使って考え、意見も伝えられるようになり、「英語脳」へとぐっと近づくことができるのです。

助動詞を使う「順番」を知れば、英語脳になれる。

本章では、これから11個の助動詞を学んでいきますが……実は、思考の流れに沿って助動詞を使う**【順番】**というものがあるのです。

「まず最初にcanで、次に●●で、それから○○を使って、最後に☆☆を言えば…おおお英語で考えられてるやん！」……このように本章を読めば、助動詞をどの順番で発想すればよいかが全てわかるようになります。

思考の順番に合わせて、**「可能性、方向性、実現、妄想」**の4つのグループに助動詞を分類していますので、そちらも注目してみてください。

それでは、助動詞編、いってみましょう。次のページへどうぞ！

助動詞
1
位

will

真っ白なキャンバスに、確信ある未来を描く。

連結ランキング

順位	連結	意味	回数
1位	will be	なるでしょう	351回
2位	will have	〜してくれない？　〜するつもり？	266回
3位	will never	絶対に〜ない	76回
4	will not	しないよ	70
5	will have	持つよ	35
6	will get	getするよ	34
7	will do	〜するよ	32
8	will always	いつも〜でしょう	31
9	will come	来ます、そっちに行きます	30
10	will make	作ります	28

willはただの「未来」じゃないんです

さあ、はじまりました。助動詞編！

まずは、海外ドラマでもっともよく使われる助動詞。willです。

僕は「will＝未来」と思っていましたが……willの本質とはこちら。

――**【ほぼ100%そうであることを確信している】**。

最初に、「主語が私以外」の場合を考えてみましょう。たとえば、

It will rain tomorrow.（明日雨が降るだろう）。

このセリフをあなたが言ったとしたら、will は「あなたが確信している」のです。
He will get better も、**【あなたが彼はよくなると思っている】**のです。will は「よくわからんこと」について**【空想】**を語りますが、**【話し手に強い自信がある】**のが特徴。
わからんことを「絶対そうなる！」って、「天気予報で見たから」のような根拠がないと普通は言えませんよね？
つまり、「It will」は主観的でありながら、客観性も含んでいるのです。
では……根拠が弱いときはどうすればよいでしょうか？
I think it will rain tomorrow のように**【I think＋助動詞を含む文】**にすることで確信をやわらげながら使うことができます！
【I think＋助動詞】のセリフはドラマでも何百回と使われており、まさに鉄板のフレーズです。

教科書に書いてあることは、嘘です

will と言えば必ず出てくるのが be going to(gonna)。
「どっちでもええんちゃうん!?」と何度説明されても違いがわからないコンディショナーとトリートメントのような存在です。
そして、教科書や参考書にほぼ100％書いてある説明がこちら。

- **will** ──→ **「その場で思い浮かべた未来（今決めた）」**
- **be going to** →**「前々から決まっている未来（すでに決めていた予定）」**

いきなり結論をぶっ込みますが……この説明は**【ウソです】**。
なぜなら、海外ドラマを見ていると
I'm going to go to the bathroom.（トイレに行ってくる）
が使われまくっているのです。おかしくないですか？
…どう考えてもトイレに行くことって予定しないですよね。
will はたったの一度も出てきません。ドラマのセリフが古いのか？
う〜ん…。そこで、ネイティブの先生に聞いてみました。

1秒 英作文 「それが特別になることを確信してる」 ⇨ 答えは次のページ

僕「トイレに今行きたい…って「今」思い浮かべる未来だから、willを使うべきじゃないですか？」

先生「I'll go to the bathroom. とは絶対言わないわよ。I'm going to go to the bathroom. が自然だわ」

…あまりに衝撃的だったのですが、本当の使い分けは…次の通りです！

永久保存版！これが本当のwillとbe going toの使い分け

実は、先ほどの教科書の説明には2つの間違いがあるのです。

まずは1つめの間違い。

be going toは「前々から決まっている未来」だけではなく「今決めた未来」も両方言うことができます。

すなわち、**be going toはいつでも使える唯一の未来系**である。ということ。

なぜなら…**【goがあいまい動詞】**だからです。

going toは「今の状態を離れて次の場所へ向かっている」ニュアンスなので、「今、こういう未来に進んでいる」ことを言ってるだけ。いつ決めたかなんて関係ないのです。

そして2つめ！　本題のwillです。

まず、「will=その場で思い浮かべた未来」というこの説明は正しいのです。

主語が「私」の場合、

I will go to New York next month!（来月ニューヨーク行くからな！）と**「その未来を実現しよう！」とその場で決めるニュアンスがあります。**

もし、すでに航空券を持っているなら、I'm going to go to New York next monthを使います。つまり、「決まっている予定」に対してwillは使えないということ。……ここまでは大丈夫でしょうか？

しかし、ここで大きな疑問が湧いてきますよね。

【トイレ行くって、今決めたのになんでwillが使えないの？】…これです。

実は、I willは「〜してくるからね」という**【相手に向けた約束】**のニュアンスが出るのです。ここが最大のポイント。

⇨ 前ページの回答例 I'm sure it will be special.

I'll call you right back.（電話かけなおすからね）

I'll stay here until you come home.（あなたが帰るまでここにいるからね）

一方、be going toは「ちょっくら便所行ってくるわ」と自分の意志を言ってるだけのイメージ。…つまり、willはトイレにフィットしないのです。

I am going to は「するんよ、するねん」、I will ～は「するからな、するからね」と考えるとわかりやすいです。…最後にまとめておきましょう！

willとbe going toの使い分けのまとめ

	will	be going to（gonna）
今決めたこと	○	○
前から決まっていたこと	×	○
『私』が主語の時のニュアンス	相手に向けた約束・申し出	自分の意気込み・宣言

海外ドラマではこう使われる！

TRACK 51

Chandler will move in here. Ⓕ 6-2

チャンドラーはここに引っ越してくるつもりよ。

moveは「引っ越す」でしたよね（p.106）。

Come on, it will be fun! Ⓗ 2-9 Ⓕ 2-22

ねえ、楽しいよ！

誘いを断られそうなときに、come onとセットで「押しの一言」で使われるフレーズ。

Of course I will. Ⓗ 6-9 Ⓕ 2-3

もちろん、やります。

willの後ろに具体的に動詞をつけてもよいし、これだけでもOK。相手に投げかけるフレーズ。

I will not rest until the job is done. Ⓗ 9-9

その仕事が完了するまで、休むつもりはないから。

任務を自分に課すバーニーのセリフ。will notで相手に申し出るニュアンス。

Will he be back soon? Ⓕ 2-21

彼はもうすぐ帰ってくる？

「backの状態になりますか」ということ。英語独特ですね。

1秒 英作文 「1ヶ月間、あなたの服を洗濯するから」 ⇨答えは次のページ

助動詞
2
位

can

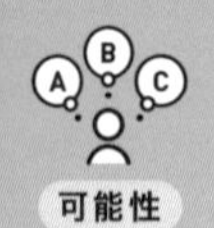

可能性

現実を見た上で、確実に選べる未来を示す。

連結ランキング

順位	連結	意味	回数
1位	can I	～してもいい？	612回
2位	can you	～してくれますか？	526回
3位	can do	～できる	323回
4	can we	（私たち）～してもいい？	225
5	can be	なりうる、可能性がある	188
6	can get	getできる	169
7	can see	見ることができる	113
8	can go	行くことができる	107
9	can have	持つことができる	96
10	can tell	言うことができる	72

canは「～できる」と覚えていました。
が……「できる」って、そもそもどういうことなんでしょう？
ズバリ、**【現実的にありえる可能性】**です。willと比較してみましょう。
I willは**【よくわからない未来】**に対してそのときの空想を描くイメージ。
I will go to New York!は、お金がなくて現実的に難しそうでも、とりあえず気持ち優先で、「その未来を俺は選ぶ！」というニュアンスです。
しかし、I can go to New Yorkは、あくまで**【今ここで確実に選べる未来の可能性】**を冷静に提示するイメージです。
お金がある、長く休める、パスポートがある…**能力、権力、許可といった確かな根拠**を元に「こんな未来が選べるよね」と現実的な可能性を示すのがcan。客

⇨ 前ページの回答例 I will do your laundry for one month.

観的でどっしり地に足がついた響きがするのが特徴です。
たとえば、**You can play the piano**は「ピアノを弾いてる未来が選べる」ということなので、「ピアノを弾く能力がある」や「ピアノ弾く環境が整っている」の意味でも使えます。**Can I play the piano?** だと「私はピアノを弾く未来を選べますか(＝弾いてよいですか?)」というニュアンス。
さらに、5位の**can be**を使えば**【わからないことへの可能性】**も言えます。
たとえば受験生の息子を心配した母親が、**It can be hard**（大変そう）。この場合、徹夜している息子を見た上で、大変に違いない！と現実的な可能性を言ってます。母が受験するわけじゃないので、It is hard!（大変だわ）と言い切るのは変であり……canもまた、**頭の中の空想**を語る言葉なのです。

海外ドラマではこう使われる!

TRACK 52

I can do whatever I want. Ⓕ 5-12
それは僕の自由だ。
「したいようにできる。昨夜何をしてようがそれは僕の自由だ」と主張するロスのセリフ。

You can watch our tape if you want. Ⓕ 2-20
見たいなら私たちのテープ見ていいよ。
許可するときにもcanが使えます。

Can I ask you a question? Ⓕ 10-3
聞いてもいい?
質問するときの鉄板フレーズです。

Can I have another one? Ⓕ 7-23
もう一枚もらえる?
「ティッシュを取って」というシーンですが、「もう1つ」欲しいときに使えます。

Hey, can you turn the lights off? Ⓕ 5-11
電気を消してくれる?
お願いするときもcan youが使えます。

It can be quite hard. Ⓢ 6-3
ものすごく大変そう。
客観的に見た感想をcan beで言えます。

We can be there in five minutes. Ⓢ 2-10
5分後に着くよ。
arriveを使わなくても、be thereで表現できるのです。

1秒 英作文 「あなたが欲しいチョコレート全部食べられるよ」 ⇨答えは次のページ

助動詞 3位

would

妄想

本当はこうだった。パラレルワールドを妄想する。

連結ランキング

順位	連結	意味	回数
1位	would be	～だろう	565回
2位	would you	～していただけますか	530回
3位	would have	～しただろう	215回
4	would never	決して～ないだろう	100
5	would I ～ ?	この私が～だって？	94
6	would like	～したい（～がほしい）	81
7	would love	非常に～したい（非常に～がほしい）	72
8	would do	よく～したものだ	46
9	would make	（～の状態を）作るだろう	43
10	would it be	それは～でしょうか？	35

「空想」ではなく、「妄想」するのです

さあ！　助動詞の中のラスボス的存在、wouldの登場です。
使いこなせている日本人を僕は見たことないですが…これを読めば、wouldの本質と使い方がすっきりクリアになりますよ～！
まず、学校では「wouldは現実にはありえない仮定を言う」と習いますが…
If I were a bird, I would fly to you.（もし私が鳥なら、あなたの元に飛んでいく）
「もし鳥やったら…て、こんなん誰が使うねん!?」。
……そう僕は思っていたのですが、鳥人みたいなありえない現実ではなく、**普**

⇨前ページの回答例　You can have all the chocolate you want.

通にありえたはずの現実を言うのがwouldの本当の使い方です。
ここまでのwill やcanなどの助動詞は**【まだ起こってない未来への空想】**を言いましたよね。こんなことええなできたらええな、あんな夢こんな夢いっぱいあるねん…と真っ白なキャンバスに未来を空想するのが特徴。
たとえば、**If we go well, I will go out with her**（このまま順調にいけば彼女と付き合えそう）。まだ起こってないことなので、好き勝手に空想できます。
一方、wouldがよく使われる場面は、**白いキャンバスにすでに現実が描かれてしまったとき**です。もう空想する余地がない。
たとえば、彼女が別の人と付き合ってしまったとき、**If I had asked her out, I would have gone out with her**（もしコクってたら、付き合ってたのにな）と、選べたかもしれない現実を**【妄想している】**のです。
「こうすりゃよかった」と過去に対する妄想を言うときは**【would＋have＋過去分詞】**の形になります。図で考えてみましょう。

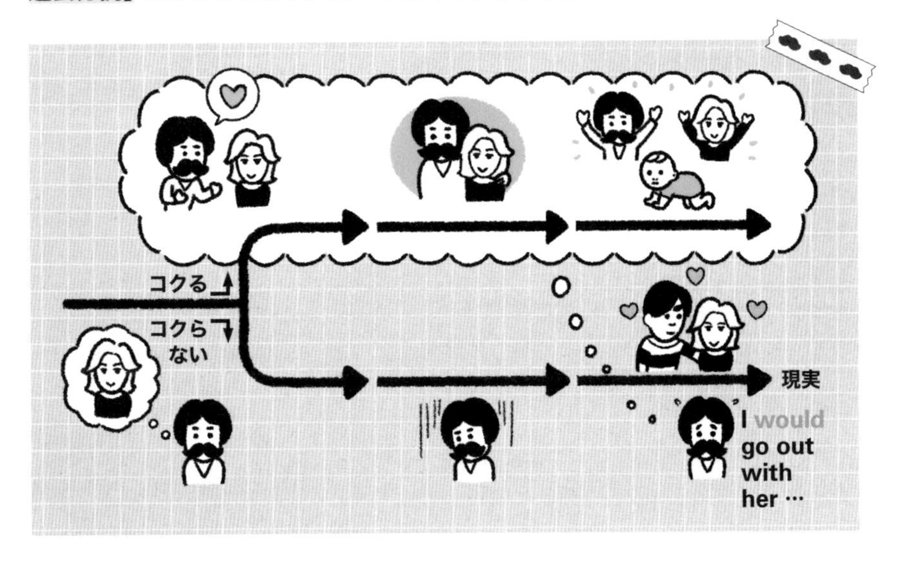

人生にはいくつもの分岐点があって、別のルートを選んでる自分が同時に存在する（パラレルワールド）と考えてください。彼女と付き合ってる自分も、付き合ってない自分もどっちも可能性としてありえた。
付き合ってない現実から見ると、付き合ってる自分は**I would go out with her**です。

1秒 英作文 「彼女が私の靴をとったとしたら、サンダルを置いてるだろうに」 ⇨答えは次のページ

つまり、日常会話でwouldを使うときは「そっちを選んでたら……」という**【本当はこうだったかもしれない現実】**と考えるのがわかりやすいです。
では、wouldを使うときの「私の気持ち」は、「あのときコクっていたら結婚できたのに……」という絶望と後悔と悲しみで死にかけてるということ？
…そんなことはありません！！
「あのときコクっていたら今の最高の奥さんには出会えんかったよなぁ」
これは超幸せな気分ですよね……つまり、**今の現実にあなたが満足しているかどうかで、wouldを言うときの気持ちが決まる**というわけなのです。
可能性は無限にあるけれど、たった1つの現実しか選べない人生。
「こうだったらよかったのに!!」「こうじゃなくてよかった!!」…と言いたい場面、たくさんありますよね。

私が、あなただったとしたら

他にも、友達の誘いを断るときにも、**I would go if I had time**（時間があれば、行くのに）のように言えます。「現実的に時間はないけど、もしあれば」という妄想をすることで言い訳に使うパターンです。
このように、ありえた現実を言うのがwouldであり、「もしも鳥だったら」のようなファンタジーなセリフは日常会話でまず言いません。
しかしなのです！　例外的に日常でよく使われるありえない仮定が1つあるのです。さあ、それは一体なんでしょうか？……答えはこちら。
I would ask her out.（俺なら誘うけどな）
I would go.（俺なら行くけどな）
「俺なら」、つまり**【私があなただったら】**という100％ありえない現実です。
学校ではIf I were youをつけないと減点されますが、実際の会話ではif 節を言わずにwouldだけ使われることが多いです。
You should ask her out（彼女、誘うべきや）、**You should go**（行くべきや）のようにshouldを使って言うこともできますが、「私なら」とI wouldを使うことで押し付けがましくなく、「あくまで自分はそう思う」と、さりげなくアドバイスすることができるのです。

⇨ 前ページの回答例　If she took my shoes, she would've left her sandals.

海外ドラマではこう使われる!

TRACK 53

That would be great! Ⓕ 10-2
それはよさそう!

相手の申し出に対して、「ありがとう」という気持ちで使います。

Would it be OK if I cleaned it? Ⓕ 4-6
そうじしても大丈夫でしょうか。

wouldは実現可能性が低いので「無理ならよいのですが…」のニュアンス。Is it OK?よりも丁寧です。

I would have told him to do it too. Ⓕ 10-2
私も彼にそう言いたかったの。

「手を洗うように伝えたかった」とあとから言うシーン。実際は言わなかったので妄想のwouldです。

I would have called, but I lost your number. Ⓕ 3-18
電話したかった…でも番号をなくしちゃって。

would haveは本当は電話してたはずの過去を言ってます。

And that ass?
I would wear that thing for a hat. Ⓗ 5-12
あのお尻? 私なら帽子のようにかぶるわ。

超セクシー美女をほめまくるリリーの一言。「私なら」のwouldです。

If we did what you did,
a man would never call. Ⓕ 3-4
もしあなたがしたことを私たちがしたら、普通は二度と電話かかってこないよ。

しつこくジャニスを追いかけるチャンドラー。ここで一度距離を置くべきと教えるモニカとレイチェル。そこで急にジャニスから電話がかかってくるシーンでのモニカのセリフ。

If Janice were a guy, she would be sleeping with somebody else by now. Ⓕ 3-4
ジャニスが男なら、今ごろ他の女と寝てるわ。

ジャニスの電話で「関係が回復しそう」と喜ぶチャンドラーを見て、レイチェルが一言。「本当はこうだったかもしれない」現実をwouldで言ってます。

Would you like to have dinner sometime? Ⓕ 1-6
いつかディナーでも行きませんか?

丁寧に相手にお願いするときは、Would you like to ～?が鉄板です。「現実的ではないかもしれないけど…」という控えめなニュアンス。

1秒 英作文 「僕ならそれを毎日はくね」 ⇨ 答えは次のページ

助動詞 4位

could

可能性

未来の選択肢のアイデアを「やさしく」提案する。

連結ランキング

順位	連結	意味	回数
1位	could you	～していただけますか？	284回
2位	could be	その可能性はありえるね	267回
3位	could have	(＋過去分詞) ～できた可能性もあった	132回
4	could do	することもできる	122
5	could get	getすることもできる	103
6	could I	～させていただけますか？	102
7	could just	とにかく～することもできる	81
8	could go	行くこともできる	64
9	could we	～させていただけますか？	49
9	could use	使うこともできる	49

could はcanの過去形として……ほぼ使われません！

「couldはcanの過去形です」…って学校で習いましたよね。

電車に乗ることができたは…I could get on the train。簡単すぎる。

……ってこれは間違いなのですよ！

「電車に乗れた」は**I got on the train**と普通に過去形で言います。

I could get on the trainの意味は、「電車に乗ることもできる」…つまりwillやcanと同じく、**【起こってないことへの空想を言うのがcould】**なのです。

もちろん、couldを使ってI could swim（昔は泳げた）のように過去の能力も

 ⇨前ページの回答例 I would wear them every day.

言えますが、海外ドラマでは「まだ起こっていないこと」に対して、couldが使われているセリフの方が圧倒的に多かったです。
たとえば……来週遊びに行くとして、どこに行こうかと悩んでいます。
We could go to the mountain. We could go to see the movie. We could go to Disneyland.（山に行くか。映画見に行くか。ディズニーランドもありやね）このように「これもいいかもね」みたいに**選択肢の1つとしてやさしく提案する**、この感覚がcouldです。

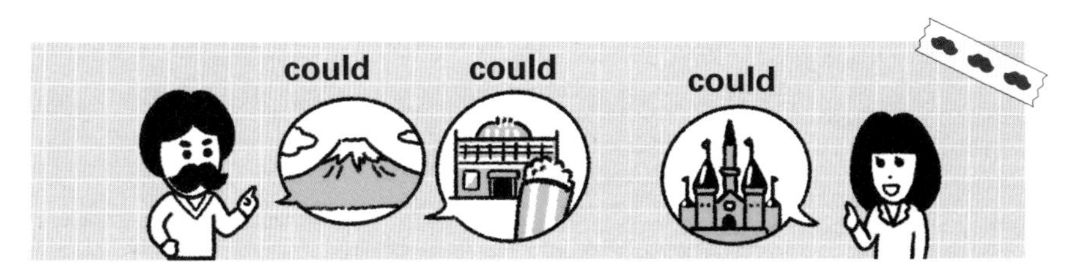

We can go to the mountain でも通じますが、canよりもcouldの方が「できます」感が強くないんです。つまり、**それを選ぶかどうかあなたの自由。** Can I have ～？と同じように（→p.62）、あいまいに言うということは、相手に**【選ばない自由】**も与えているということなのです。
だから、couldはcanよりも**マイルドで押し付けがましくない感覚**になるのです。
Can you help us? よりもCould you help us? の方がより丁寧な依頼になるのも全く同じ理由です。
他にも、子どもにYou have to study English（英語勉強しなさい）と言うよりは、**You could study English**（英語学ぶのもいいかもね）や前ページの**I would study English**（私なら英語学ぶかな）のように言う方が「決めるのはあなたよ」と子どもの気持ちを尊重してる感じを出せるのです。

ifと組み合わせれば、意見を言えるんです

couldはifと組み合わせて気軽に意見を言えます。たとえば……
If it rains tomorrow, we could go to see the movie. If it's sunny tomorrow, we could go to the mountain.
（雨やったら、映画行けるし、晴れたら、山もありやね）

1秒 英作文 「僕らで何か作るのもいいかもね」 ⇨答えは次のページ

If we go to Disneyland, we could enjoy Christmas mood.

(ディズニー行ったら、クリスマス気分味わえるね)

一方で、**If we had money, we could go to Disneyland.**(お金があったら、ディズニーにいけるのにね)のように、「お金があったら」という現実にはありえない妄想を語ると、couldで「実際はディズニーに行けない」ことになります。

このように、**couldは前についているifによって、「ありえる空想(仮定法)」と「ありえない妄想(仮定法過去)」の両方で使うことができます**。

If we had money, we would go to Disneylandのようにwouldを使ってもほぼ同じ意味になりますが、couldの方がいくつかの選択肢からディズニーを選んでるニュアンス。wouldはディズニーだけを妄想しているニュアンスです。

他にも、I wishは「ありえない妄想」を言うので**I wish I could go to Disneyland**は、「ディズニー行けたらな」と「行けないことが確定した現実」を嘆いています。また、could以下を省略した**I wish I could**(できればいいんだけど)は、**やんわり断るフレーズ**として日常会話で活躍します。

くっびー、うっびー、まいびー。

アメリカにいたときに、とにかく耳にしたのがcould beやwould be。

「くっびー」、「うっびー」とリズミカルに耳に残る響きであり、ネイティブは当たり前のように使っているのですが、「なんやねんこれは!?」…と、使いどころが全くわかりませんでした。

先ほどの例でいくと、「山よりもディズニーがよさそうや」と感じた場合、Disneyland is great! と言いたくなります。しかし、be動詞の原形を使うと、「ディズニーランドはすばらしい」という響きになってしまいます。

もちろん言いたいことは通じますが、そもそも、「どこに行けばよいか」を議論していたので、**Disneyland could be great!**(ディズニーいいと思う)のように、**isをcould beに置き換える**ことで私が思っている主観的なニュアンスが伝わり、会話らしい響きになります。

さらに、私がどれぐらいgreatと思っているのか、その度合いによって助動詞

 ⇨ 前ページの回答例 We could cook for ourselves.

をいろいろ使い分けます。**should be**であれば「行くしかない」感じが出るし、**would be**なら「ありやろ」、**might be**は「いいかもね」。
中学英語ではThis is a penとかIt is difficultのように、**A is B**の形が出まくりますが、A is Bというのは100%正しいことを言っている確定的なニュアンスになります。
日常会話では **This might be a pen**（ペンかもしれん）とか、**It could be difficult**（難しいやろ）みたいに、**be動詞を変化させ、より主観的な言い方の方が使えるんです。**
日本語でも「難しいです」と言い切らずに、「難しいかも」とか、「難しそう」とか、ぼかして言いますよね。意見を言うときに、ぜひcould be、would be、might beを使ってみてください！

海外ドラマではこう使われる！

TRACK 54

It could be really late. Ⓕ 3-13
遅くなるに違いない。
「何時に仕事終わる？」への答え方。

We could just drink wine. Ⓗ 1-18
ワインだけ飲むのもありね。
「ワインを飲むことができた」ではないです。未来を提案するcould。

We could all go out to dinner. Ⓕ 6-21
みんなで食事に行くのもよいわね。
we couldを使うことで、「行きましょう」と提案しています。

I could have had you if I wanted you. Ⓕ 8-11
私がその気なら、あなたと寝てたわ。
中1単語だけでここまで言えます（笑）could haveで過去に選べたであろう未来を言います。

Could you give us a second? Ⓕ 8-16
少しだけ時間をいただけますか。
ちょっと待って欲しいときの丁寧な表現です。

I wish I could join you guys, but I got to get back to an apparently boring job. Ⓗ 2-4
一緒に行けたらいいんだけど、退屈そうな仕事に戻らなくちゃ。
誘いを断るときのよい例ですね。butを後ろに続けると自然。

1秒 英作文 「彼女は市外に出かけているにちがいない」 ⇨答えは次のページ

助動詞
5
位

should

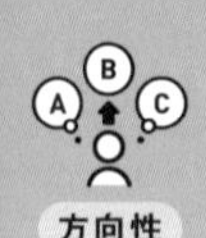

方向性

いくつかの選択肢から よりよい未来を提案する。

連結ランキング

順位	連結	意味	回数
1位	should be	～のはず	266回
2位	should have	～すべきだった	201回
3位	should go	行ったらよい	147回
4	should get	getしたらよい	142
5	should I	私は～したらよいですか？	119
6	should just	とにかく～すべき	78
7	should we	私たちは～したらよいですか？	65
8	should do	したらよい	61
9	should know	知っておいた方がよい	54
10	should probably	おそらく～のはずあ	40

shouldはすべき…ではありません

突然ですが、あなたに100万円の臨時収入が入ってきました。

さあ……どうしますか？

You could give it to your wife.（奥さんに渡すこともできるよ）

You could make a donation.（寄付することもできる）

You could travel around the world.（世界中を旅することもできる）

You could rent TOKYO DOME.（東京ドームを貸し切ることもできる）

⇨ 前ページの回答例 She could be out of town.

100万円あれば東京ドームだけでなく、なんと花やしきを借りることもできます！　このように、couldを使って気軽にアイデアを言うことができますが……そこに「もう１人のあなた」の声が聞こえてきます。

You could spend money in a royal style.（豪遊することもできるよね）

You could save up secretly.（へそくりすることもできるよん）

I should save up secretly!!!!（へそくりしたらええがな）

このように、アイデアを出すのがcouldであれば、それを選んで指さすのがshouldです。couldでアイデアが出揃ったあとに、どれが一番よいかを天秤にかけて**【未来の方向性を提案する言葉】**。それがshouldの正体です。

学校では「すべき」と覚えたかもですが、「すべき」じゃないのです。

shouldに強制感はないので、**「したらええやん」**と気楽に次の方向性を提案するニュアンスになります。

また、shouldを言うとき「他でなく、それを選ぶ理由」があるはずなので

You should give it to your wife because she always takes care of you.

（いつもお前を大事にしてくれてるから、100万円は奥さんにあげるのがいいよ）

このように、becauseで理由をつけることで説得力が増すのです。

1秒 英作文　「かわりに赤ワインを飲むのがいいよ」　⇨ 答えは次のページ

shouldを使えば「後悔の気持ち」も言える。

「いろいろなメリットを考えて、彼に決めた。でも付き合ってみたら……思てたのとちゃう!!!!」ってときありますよね。

そんなときは、**I should have been friends with you**（友達でいるべきだった）のように、**【should＋have＋過去分詞】**の形にすることで、「こっちの未来を選ぶべきやったわ」と**【後悔】**の気持ちを言えます。

後悔のフレーズといえば、**It's too bad**（残念です）、**I regret**（後悔してます）も使えますが、ドラマではshould haveの方が圧倒的に多かったです。

また、妄想のwouldを使って**If I hadn't called him, I would date with the other guy**（あのとき彼に電話しなければ、もう一人の人と付き合ってるだろうに）と、間接的に後悔の気持ちを言うこともできます。

何かを選べるということは、何かを選べないということなので、人生に後悔はつきものですよね…。助動詞を使うことで、**希望、失望、後悔、納得**など、本音の気持ちを表現できるというわけなのです。

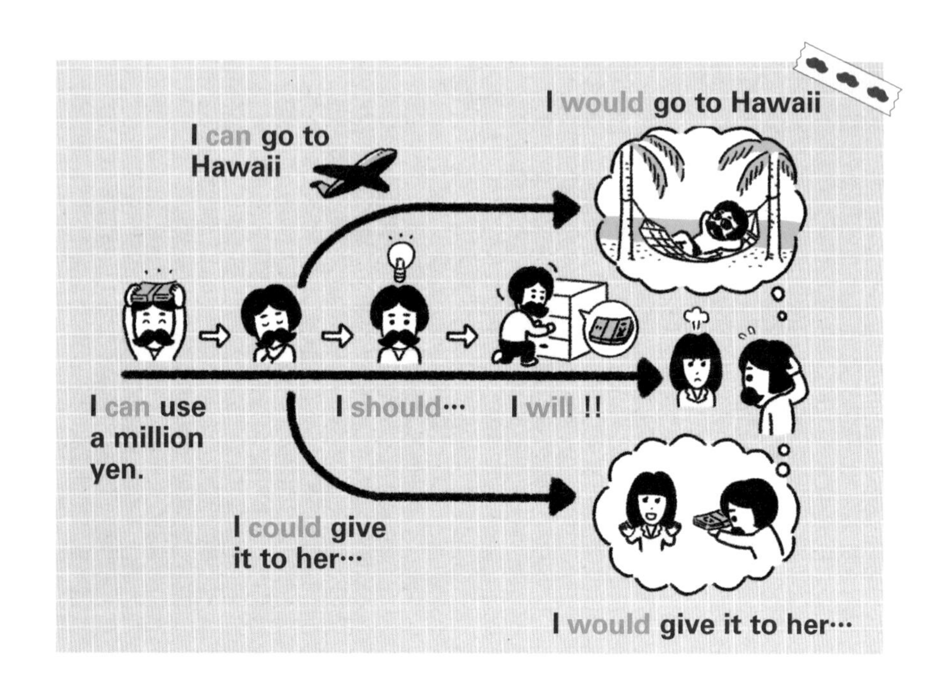

⇨ 前ページの回答例　You should have a red wine instead.

さて、ここまで5つの助動詞を学んできました。

実は、これらの助動詞を前ページの図のように**順番に並べて理解する**ことで自由に使えるんです。

can（今ある現実的可能性）→ could（選べる未来）→ should（どれを選ぶか）→ will（選ぶ）→ would（もしこっちを選ばなかったら…）

この一連の流れをイメージしておくと、幅広いシーンに応用できます。

海外ドラマではこう使われる！

TRACK 55

You should be with me. Ⓕ 6-15
俺と付き合えよ。
たった5つの中学単語だけでワイルドに告白できます（！）。

You should get some sleep. Ⓕ 3-21
少し横になるのがいいよ。
レイチェルにかけるロスのやさしい言葉。get some sleepで「疲れているので睡眠をとる」ニュアンス。

I think you should go. Ⓕ 3-16
行くべきだと思う。
I thinkとshouldの組み合わせは相性抜群、めっちゃ使われます。

I think we should get back together. Ⓕ 8-2
僕たちは、よりを戻すべきだと思う。
get back togetherで「よりを戻す」。恋愛ドラマ頻出です。

So do you think we should get dressed? Ⓢ 6-14
私たち、ドレスを着たほうがよいと思う？
Should we get dressed?よりも、【Do you think + should（文）】で相手の考えを聞くのがより自然です。

I should have called. Ⓕ 4-13
電話しとくべきだった。
should haveで「選ぶべきだった選択」、つまり【後悔】の気持ちです。

I totally should have said that. Ⓗ 4-17
本当に、それを言っておけばよかった。
こういうシーンは日常でよくありますよね。丸暗記するのがgood。

1秒 英作文　「あなたに話しておけばよかった」 ⇨ 答えは次のページ

助動詞 6位

might

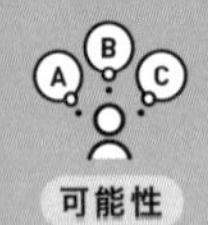

可能性

そうなるかもしれない未来。

連結ランキング

順位	連結	意味	回数
1位	might be	～かもしれない	174回
2位	might have	～したかもしれない	74回
3位	might not	～ないかもしれない	40回
4	might as well	～したほうがよいかもね	39
5	might get	getするかもしれない	27
6	might want to	～してみたいかも	26
7	might like	好きかもしれない	14
8	might need	必要かもしれない	13
9	might wanna	～してみたいかも	11
9	might say	～と言ってもよい	11

「mightはmayの過去形」だと覚えている方も多いんじゃないでしょうか？
…が、mightに過去の意味はありません！
過去を言うときは、連結ランキング2位の**might have**を使います。
実は、ここまでの助動詞と同じく、mightも**【未来のこと、わからないことへの話し手の空想】**を言います。
もう一度willを思い出してください。「ほぼ100%そうなるんや！」という相手への約束を語り、強い確信がある場合に使われましたよね。
一方で**mightは、「～かもしれんな」という確信弱めの可能性**を語ります。根拠がなくても言えるので、より主観的な言葉になります。
ドラマで使われていたのは **I might get fired**（解雇されるかもしれない）、**It**

➪ 前ページの回答例　I should have talked to you.

might be too hard（すごく大変かもしれない）。他にもAre you gonna go there?（そこに行くの？）のような未来の質問に対して、**I might**（たぶんね）と答えるシーンもありました。Maybeと同じニュアンスですがMight beとは言わず、mightを使うときは主語とセットで使われるのが普通です。

さあ、ランキングも見てみましょう。注目は4位の**might as well**。「難しいかもしれないけど一応やってみよか〜」という場合や、**We might as well take a bus**（バスに乗ったほうがよいかもね）のように、**shouldよりも弱く提案するイメージ**。We could take a busに近いニュアンスで使えます！

「あれ！？…mayも『かもしれない』という意味やなかったっけ!?」

……そう思ったあなた。ページをめくって次のmayの解説へどうぞ！

海外ドラマではこう使われる！

TRACK 56

That might be fun. Ⓕ 6-24
楽しくなりそうだ。
これからはじまるディナー、未来のことを言ってます。

Oh, it might be weird. Ⓗ 5-4
ん〜それは変な感じがするかも。
「ダブルデートじゃなくて6人で飲もうよ」、という誘いを断るリリーのセリフ。weird（p.199）。

It might be time to move. Ⓢ 3-6
もうここを引っ越すときかもしれない。
男を部屋に連れ込みすぎだと、隣人に文句を言われたサマンサの一言。

I thought you might be cold. Ⓕ 2-6
寒いだろうなと思って。
外で寒そうにしてるフィービーに温かい飲み物を差し出すレイチェルのセリフ。mightが押し付けがましくない思いやりの気持ちを出しています。

I thought this might happen today. Ⓕ 6-9
今日それが起こる予感がしてた。
悪い予感が的中したときのセリフ。これも使えそうなセリフですね〜。

Something else I might have said? Ⓕ 3-10
何か他に、俺言ったかな？
怒っているように見えるレイチェルに、何か言ったかもしれない…と不安になるチャンドラーのセリフ。

I might as well stay until Trey's recovered. Ⓢ 4-5
トレイが回復するまで、ここにいるのがよさそうね。
体調を崩した息子を想う母の言葉です。【stay + until】も頻出（p.141）。

1秒 英作文 「それはいいアイデアかもしれない」 ⇨答えは次のページ

助動詞

7位 may

可能性

mightと ニュアンスは全く同じ。

連結ランキング

順位	連結	意味	回数
1位	may have	～したかもしれない	112回
2位	may be	～かもしれない	104回
3位	may I	～してもよろしいでしょうか？	60回
4	may not	～ないかもしれない	51
5	may never	まず～ないだろう	14
6	may sound	～に聞こえるかもしれない	10
7	may as well	～したほうがよいかもね	8
7	may seem	～に思われるかもしれない	8
9	may come	来るかもしれない	6

mayとmight……ズバリ、**ふたつの単語のニュアンスは全く同じ！**

ラムネとサイダーのような関係であり、She might comeもShe may comeもどちらも「たぶん彼女来るかも…」と、そこにある可能性やニュアンスは全く同じです。

そして繰り返しになりますが、**mayの過去形はmightではありません。**

You may know him（彼を知ってるかもしれない）を過去形にする場合は、**You may have known him**（彼をすでに知ってたかもしれない）と、ランキング１位の**【may have＋過去分詞】**を使います。

「じゃあ、なんでmayの過去形がmightだと学校で教わるんや！？」って突っ込みたくなりますよね。

⇨ 前ページの回答例 That might be a good idea.

……実は、複文のセリフで２つを使い分けることが原因なのです。

I think you may come.（たぶん彼女来るかもって思う）

I thought you might come.（たぶん彼女来るかもって思った）

I think（現在形）を使うときはmay。I thought（過去形）を使うときはmight。最初の動詞の時制に合わせるという「時制の一致」があります。

ただし！「彼女来るかも」ってどちらも**【未来のことを考えています】**。mightが意味しているのは過去ではなく、やっぱり未来なのです。

ちなみに、**May I ～?**（～してもよいですか？）は参考書でよく見ますが、ホテルの接客や年配の方が使うようなフォーマルな響きがします。Can I ～? やCould I ～?が十分丁寧で、よく使われています。

海外ドラマではこう使われる！

TRACK 57

May I help you? Ⓕ 6-22 Ⓕ 8-17
お手伝いしましょうか。
何か困ってそうな、知らない人にかける丁寧な言葉。

Okay, may I see the comics? Ⓕ 3-17
漫画を見せてもらえます？
ジョーイが親友のチャンドラーに"あえて"超丁寧にたずねてます。友達どうしではCan I ～?を使うのが普通であることがわかるナイスな場面。

The answer may surprise you. Ⓗ 1-12 Ⓗ 5-17
その答えにたぶんあなたは驚くわ。
前フリに使えるフレーズ。surpriseは「驚かせる」の動詞。

This may be a little awkward. Ⓕ 7-23
ちょっと気まずいかもだけど。
こちらも言いにくいことを言う前フリ。awkward（気まずい）もドラマ頻出単語。

I may have said those things before, but .... Ⓕ 6-15
前にも言ったかもしれない、けど……。
もう一度言っておきたい話の前フリに。ワンクッション置くことで、会話をスムーズにできます。

I think there may be another reason. Ⓕ 10-18
ほかの理由があるかもしれない。
I thinkとmayも相性がよいです。自分の意見を控えめに言うときに使いましょう。

I think we may have really done it this time. Ⓕ 9-14
今回は本当にできたかもしれない気がするよ。
may haveで過去の形。何ができたかはドラマをぜひ見てください。

1秒 英作文 「お金ないかもしれない」 ⇨答えは次のページ

助動詞 8位

must

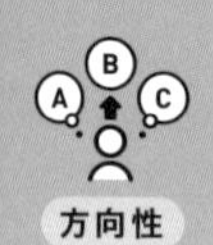

おまえに未来を選ぶ自由などない。

連結ランキング

順位	連結	意味	回数
1位	must be	～に違いない	173回
2位	must have	～したに違いない	103回
3位	must know	知らなければならない	11回
4	must say	言わなければならない	9
5	must think	考えなければならない	7
6	must take	取らなければならない	5

さて、ここまでの助動詞は、「よくわからない今や未来」に対して、「これもできる（can、could)」、「こうかもしれない（might、may)」、いろいろ可能性を絞り出して「これがええやん！（should)」、「こうしよう！（will)」とメリットを考えながら自由に未来を創造していくというものでした。

ではmustとは何か？

「イチゴも桃もマンゴーも美味しそう！」とウキウキ気分のお口の中に、**無理やり苦手な柿をぶちこまれる**イメージです。

たとえいくつもの可能性があっても、mustはその道を「選べ」という命令に近いニュアンスを含んでおり、そこに自由などないのです（泣)。

勉強するのが我が子のためと思っても、**You must study!** では強制感が出ま

⇨ 前ページの回答例 I may have no money.

す。You have to studyの方がニュアンスは弱く、You should studyだと柔らかなニュアンスで言えます。

このように見るとmustはヤバすぎる言葉に思えてきますよね……。

しかし、逆に**強引によい方向に決めつけて使えばよい**のです。

You must be tired.（疲れたやろ～）

You must be a great mother.（絶対いいお母さんやん！）

You must be Takuzo Kadono.（角野卓造さんですよね！！）

このように、**【相手を観察して察する合いの手フレーズ】**として使えます。

ランキング1位の**must be**をぜひ使い倒してやりましょう！

海外ドラマではこう使われる！

TRACK 58

That must be fun. Ⓢ 2-3
楽しかったでしょ。
相手の楽しい気持ちを察するニュアンスです。

You must be so happy! Ⓕ 3-16
超ハッピーじゃん！
「本当によかったね！」と相手に共感するフレーズ。

You must be Robin. Ⓗ 3-11
ロビンさんですよね。
初対面で、相手の名前を確認するときに使ってみましょう。

Stop! Stop it! You must stop! Ⓕ 3-20
はいストップ！　止めろって！
ジョーイの演技がひどいから止めろという監督の言葉。危険な場面にも使えそうですね。

You must work out all the time. Ⓕ 9-7
いつも体をきたえてらっしゃるのね。
work outは「体をきたえる」(p.79)。このシーンも「～に違いない」という観察フレーズです。

I must say, well done. Ⓕ 6-2
本当に、よくやったわ。
I must say、I have to sayは、「どうしてもこれは言わなければ」と以下の内容を強調する出だしに使われます。後ろに文の連結も可能です。

My mom must have invited him. Ⓗ 2-21
お母さんが彼を招待したに違いない。
must haveで過去のことに対して「～したに違いない」と言えます。

1秒 英作文　「時差ボケに違いない」　⇨答えは次のページ

学校では習わない助動詞

1位

gonna

実現

思いつきでも、予定でもOK。いつでも使える未来形！

連結ランキング

順位	連結	意味	回数
1位	gonna be	なるだろう	849回
2位	gonna do	するつもり	324回
3位	gonna go	行くつもり	319回
4	gonna have	持つつもり	237
5	gonna get	getするつもり	220
6	gonna take	とるつもり	117
7	gonna happen	起こるだろう	104
8	gonna make	作るつもり	95
9	gonna say	言うつもり	94
10	gonna tell	言うつもり	81

さあ、ここからは学校では習わない助動詞ランキングです！

第１位のgonnaは未来形「be going to」の口語として「be gonna」で使われ、後ろに動詞の原形をつけます。発音は「がな」。

バイデン大統領もスピーチで、**We're gonna free Iran**（イランを解放します）と話しており、ビジネスシーンなども含め、ネイティブの日常会話でものすごくよく使われる口語助動詞です。

仮に、この単語を覚えずにドラマを見ると「gonna ？　知らんがな!!!!!」

これをあなたは4,626回やることになります。ポケモンで言うところのポッポ並みの出現率であり、絶対に知っておくべき単語なのです。

さらにgonnaのすばらしい点が…

⇨ 前ページの回答例　You must be jet-lagged.

【gonnaはいつでも使える唯一の未来形である】ということ(→p.150)。

I'm gonna go to the bathroom(トイレ行ってくる)、**I'm gonna go to America tomorrow**(明日、アメリカ行くんよ)のように、未来が決まっていようが、決まってなかろうが、いつでも使える最強の助動詞がgonnaなのです！

gonnaは出現率は高いのですが、ネイティブは高速で話すのでgonna単独では全然聞き取れないというのが難点です…。

そこで、gonnaの使われ方をドラマで数えてみました！こちらです。

ラップのように覚えよう！～gonnaの使われ方ランキング

順位				回数
1	がなびー	gonna be	～にいるだろう、～な状態だろう	849
2	あむがな	I am gonna	私は～するつもりです	486
3	ゆあがな	you're gonna	あなたは～するでしょう	356
4	うぇがな	we're gonna	私たち～するつもりです	264
5	あゆがな	Are you gonna	あなたは～するつもりですか？	156

Gonna be(がなびー)、**I am gonna**(あむがな)、**You're gonna**(ゆあがな)、**We're gonna**(うぇがな)、**Are you gonna**(あゆがな)

…ラップのようなノリで覚えておくと、楽しいです。

海外ドラマではこう使われる！

TRACK 59

I'm gonna get some coffee. Ⓕ 2-19
コーヒーを買ってくるね。
「あむがな」のセリフ、自分が飲むコーヒーを買いに行く場面なのでgonnaが自然。

Are you gonna tell her? Ⓕ 8-15
彼女に言うつもり？
「あゆがな」のセリフ。後ろはいろいろ着せ替え可能。

Rachel's gonna be here. Ⓕ 4-23
レイチェルはここに来るよ。
「がなびー」のセリフ。be動詞を使って「ここにいる(来る)」と表現できます。

Okay, it's not gonna happen. Ⓗ 5-15
大丈夫、それは起こらない。
「もしこうだったら…」と嫌なことを言ってくる相手に一言かましましょう。

1秒 英作文 「彼女をアパートまで連れてくんよ」 ⇨答えは次のページ

学校では習わない助動詞

wanna

2位

感情

後ろに動詞をつけるだけ。選びたい未来を言える!

連結ランキング

順位	連結	意味	回数
1位	wanna be	なりたい	65回
2位	wanna go	行きたい	56回
3位	wanna see	見たい	55回
4	wanna get	getしたい	49
5	wanna do	したい	42
6	wanna know	知りたい	31
7	wanna say	言いたい	26
8	wanna make	作りたい	25
9	wanna talk	話したい	24
9	wanna come	来たい、そっちに行きたい	24

海外ドラマや映画を見ていると、必ず出てくる助動詞!

それがwanna（わな）。want toの省略形として話し言葉で使われます。

こちらも学校では習わないので、知らずにドラマを見ているとあなたは849回もワナにはめられます。まずは発音してみてください。

自分がビール飲みたいときは **I wanna drink beer.**

相手の希望を聞くときは **Do you wanna drink beer?**

……「あいわな」「どぅゆわな」とひと息で言ってみると、want toよりもなめらか〜に発音できると思います。アメリカ英語では「t」の音を脱落して発音することから、口語ではwannaやgonnaが定着したようです。

使い方としては、wannaの後ろに動詞の原形をくっつけるだけ。簡単です。

⇨ 前ページの回答例 I am gonna take her to the apartment.

たとえば、**Why do you study English?**（なぜ英語を学ぶの？）
…と聞かれたとします。さあ、どのように答えますか？
Because I wanna see a movie in English.（英語で映画が見たい）
Because I wanna get a high score of TOEIC.（TOEICで高得点取りたい）
Because I wanna work abroad.（海外で働きたい）
Because I wanna make a lot of foreign friends.（海外の友達をたくさん作りたい）
このように、Because ～ I wannaを使えば本音の思いを言えますよね。
ランキングを眺めてみても…見たい！したい！なりたい！と欲望のエネルギーに溢れています(笑)。
今この瞬間、心から選びたい未来を語る人生のガソリン、原動力となる単語……それがwannaなのです。

海外ドラマではこう使われる！

TRACK 60

I wanna see what happens! Ⓕ 2-12
この先どうなるか見たい！
テレビを消された、レイチェルのセリフ。

I don't wanna get divorced. Ⓗ 5-21
離婚したくないの。
don't wanna（どんわな）で「したくない」気持ちを言えます。

I just wanna be with him all the time. Ⓕ 1-10
彼といつも一緒にいたいだけなの。
好きな人への思いをつづったフィービーの言葉。

Nobody's gonna wanna watch that. Ⓕ 9-21
だれもそれを見たがらないわ。
gonnaとのコンボ、gonna wanna（がなわな）で「～したくなる」はずです。

Do I look like a guy who doesn't wanna get married? Ⓕ 6-24
俺、結婚嫌いの男に見える？
結婚したくないチャンドラーのセリフ。Do I look like ～？(～そうに見える？)も使えます。

Where do you wanna go?
— I think you know where I wanna go. Ⓕ 8-5
どこに行きたい？——言わなくてもわかってると思うけど。
仲のよさが伝わるやりとり。主語が３つの複文です。

1秒 英作文 「人生をあなたと過ごしたい」 ⇨答えは次のページ

学校では習わない助動詞

3位

gotta

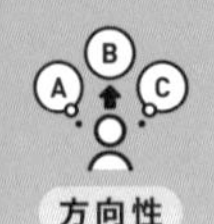

方向性

ちょっと用事が!!
臨場感あふれる単語。

連結ランキング

順位	連結	意味	回数
1位	gotta go	行かなければならない	179回
2位	gotta get	getしなければならない	80回
3位	gotta be	ならなければならない	58回
4	gotta do	しなければならない	38
5	gotta tell	言わなければならない	36
6	gotta say	言わなければならない	27
7	gotta take	取らなければならない	19
8	gotta make	作らなければならない	10
8	gotta see	見なければならない	10
8	gotta have	持たなければならない	10

I gotta goは103回

助動詞のラストはgottaです！あまり見慣れない単語かもしれませんが…**【have got to】**の省略形であり映画やドラマ、洋楽にもよく登場します。have got toはhave toとニュアンス的にはほぼ同じ、「～しなければならない」です。しかし、getが含まれているので、**【～しなければならない状態になった】**、その変化について言っています（p.23）。

つまり、「今しなければならなくなった」ことにgottaが使えるのです。

たとえば、**I gotta pee!**（トイレ！）や**I gotta work!**（仕事せな！）みたいな感じ。I have toよりも臨場感を感じられるのがミソです。

gottaは「しなければならない」という義務感があるので、基本的には不自由なニュアンスが出ます。

 ⇨ 前ページの回答例 I wanna spend my life with you.

しかし、**I would love to, but I gotta get up early tomorrow.**（したいけど、明日早く起きないと）のように**「しなければならない」ことを言い訳にして、誘いを断るシーンで使うことができるんです。**

ここで、ランキングも見てみましょう！……１位が **gotta go**。

I gotta go!（もう行かなくちゃ）が会話を切り上げるときに使える鉄板フレーズであり、ドラマで何度も使われていました。

僕自身も、オンライン英会話の先生と相性が微妙やな〜と思ったときは、I am sorry, I gotta go! と早めに切り上げるのに愛用しています。

海外ドラマではこう使われる！

TRACK 61

I gotta go. Ⓕ6-23 Ⓗ6-8
行かなくちゃ。
全103回のシーンで使われていました。「そろそろ私は…」の気持ちです。

I gotta work. Ⓕ4-23
仕事があるんだ。
断るときにI'm sorryと共によく使われます。

I gotta talk to her. Ⓕ6-24
彼女に話さないとな。
彼女との結婚は想像できないというロスのセリフ。

I gotta think about this. Ⓗ1-22
これについてはよく考えないといけない。
テッドに告白されて、関係が壊れることを恐れるロビンの一言。

I gotta get out of here! Ⓕ2-1
ちょっと出てくるわ！
ロスがほかの女と楽しく電話してるのに耐えられなくなったレイチェルのセリフ。

I gotta get back to the hospital. Ⓕ6-15
病院に戻らなければならない。
get backで「戻った状態になる」で幅広く使えます。

There's gotta be a better way. Ⓕ8-19
もっとよい方法があるはずだよ。
「牛乳パックが開けにくい！」のシーン。must beと同じ、「違いない」のニュアンス。

Look, there's gotta be a way that we can stop this from happening. — Like what? Ⓕ10-14
それが起こるのを止められる方法があるに違いない。——たとえば？
There's gotta be= There has gotta be(～に違いない)。

1秒 英作文 「オフィスに戻らないと」 ⇨答えは184ページ

COLUMN

助動詞とは世界を創造する弓矢!?

たった11個の単語、使いこなせれば最強。

いろいろ助動詞を学んできましたが、「こんなふうに使えばよいのか～！」と助動詞がもつ魔法のような力を感じてもらえたのではないでしょうか。
たったの11個の単語ですが、この11個を使いこなせるかどうか。ここに**【伝わる英語を話せるかどうか】**の大きなカギがあるのです。
最後に、もう一度助動詞を整理しておきましょう！

助動詞とはメニューから料理を選ぶ感覚。

想像してみてください…。あなたはとてもお腹が減っています。
そこで、友達におすすめの和食の店に連れてってもらいました。

あなた「あ～早く食べたい。でも…この店初めてやし…何にしよう？」
友達「刺身とか、生ものは大丈夫？」
あなた「うん。刺身食べられるよ」
友達「このメニューで言うと…のどぐろの塩焼きも美味しいし、白子の天ぷらも美味しいし、おでんも美味しいよ。マグロの刺身も好きかもね」
あなた「全部美味しそう！！ 迷うわ～。おすすめは？」
友達「絶対にのどぐろだね。あとはこの店おすすめの日本酒は絶対やね」
あなた「うん、じゃあそれ頼もう！」

そして、2人で美味しくのどぐろと日本酒をいただきました。
…と、まあ何のオチもない（笑）。日常でありそうな会話のやりとりですよね。実は、この話の中で「事実」として語れるのは…
I was hungry, and my friend took me to Izakaya, and we ate nodoguro.

(お腹が減っていたので、友達が居酒屋に連れて行ってくれて、のどぐろ食べました)
たったの2行だけです。でも普通は、「美味しいもの食べたい。ではのどぐろいただきます」…とスムーズにいかないですよね。

【美味しいもの食べたい→のどぐろ食べた】

この2つの間にある**【→】**こそが日常会話であり、そこで使えるのが助動詞なのです。助動詞を分類すると…大きく分けて3つありますが、弓矢で未来を選び抜くイメージを持つとわかりやすいです。

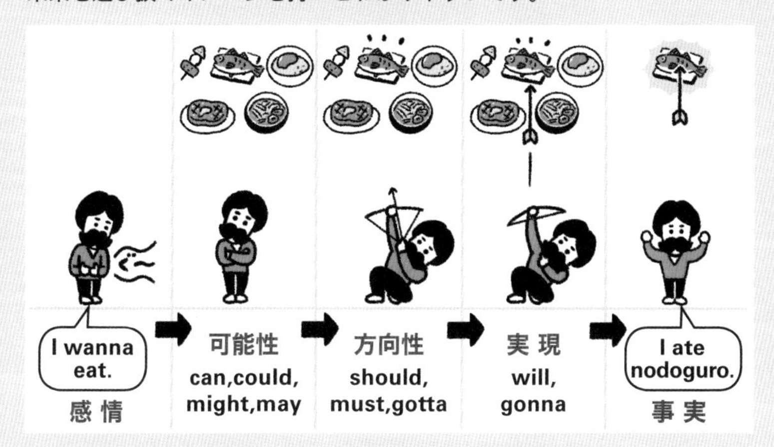

まず「こういう料理あるよ」…と使えるのが、**can**や**could**や**may**。選べる**【可能性】**を考える助動詞で、メニューを見る感覚です。
弓はまだ引いてないので、助動詞も力を持っていません。
次に「どれがおすすめ?」…とその中から何を頼むかの**【方向性】**を出していくのが**should**や**must**。ぐいっと弓を引くイメージがあり、未来への方向性を定める、強い力をもつ単語です。
そして、「それ頼もう!」が**will**や**gonna**。未来に狙いを定めて矢を放つ感覚。gonna= is going toなので、弓矢が放たれ(go)、的に向かって勢いよく飛んでるイメージ。もう止めることはできません。
ニュースなどで使われる、現在形や過去形はイラスト一番右の的に矢が刺さったイメージです。その事実を動かせません。しかし、日常会話で主にやりとりされるのは【矢が的に刺さるまで】。そこには無数の可能性があるのです。「こんな未来に行きたいな~!」と**夢を描き→的を定めて→矢を放つ**。助動詞とは世界を創造する、弓矢のような存在かもしれません。

PART 4

日常を彩る形容詞ランキング

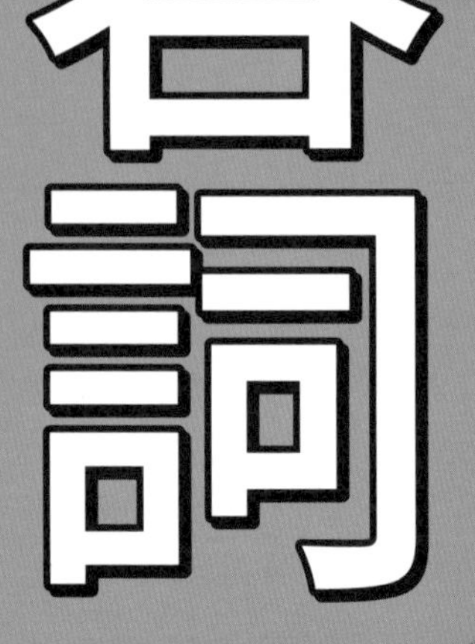

It is OK if I live next to you?

OK
7444回
1

right
6416回
2

good
3829回
3

④	sorry	2963回
⑤	great	2690回
⑥	some	2677回
⑦	new	2008回
⑧	big	1847回
⑨	first	1656回
⑩	sure	1642回
11	other	1379回
12	fine	1317回
13	last	1313回
14	any	1306回
15	nice	1299回
16	bad	1169回
17	best	1072回
18	next	1034回
19	better	1032回
20	married	1031回
21	long	1003回
22	old	931回
23	pretty	870回
24	every	845回
25	happy	834回
26	wrong	829回
27	crazy	774回
28	another	768回
29	whole	724回
30	hot	695回
31	ready	682回
32	weird	665回
33	funny	651回
34	hard	639回
35	real	633回
36	enough	593回
37	cool	590回
38	most	575回
39	own	565回
40	same	561回
41	each	552回
42	stupid	520回
43	cute	478回
44	beautiful	472回
45	perfect	471回
46	amazing	458回
47	sweet	453回
48	many	444回
49	high	440回
50	true	424回
51	serious	389回
52	awesome	388回
53	different	386回
54	important	363回
55	easy	315回
56	huge	284回
57	glad	270回
58	mad	235回
59	sick	209回
60	terrible	208回

INTRODUCTION

形容詞で会話に豊かな彩りを。

さて、ここまで動詞、前置詞、助動詞と3つの章を駆け抜けてきましたが「たった100個の単語で、こんなにいろいろ言えるのか〜」

…と感激したのではないでしょうか？

本章ではさらに会話を豊かにする形容詞を解説します。

「……て形容詞ってなんやったっけ？」そう思ったあなた。たとえばbigのような単語が形容詞です。a big deskのように、机の状態を名詞に連結して説明することができますし、This pen is bigのように、「be動詞」とセットで使い、主語の状態について説明することもできます。

つまり……**【モノや人のさまざまな状態や質感をあらわすのが形容詞】**。

形容詞を使うことで、会話に豊かな彩りを生むことができるのです。

ドラマの形容詞は3種類に分類できる。

ドラマを分析すると…形容詞は大きく3つに分けられることがわかりました。

1つめは…**「状態系形容詞」**。新しい、古い、硬いのようにモノの大きさや質感などの状態をあらわす形容詞。new、old、long、hardなどがあります。

2つめは、ものの順序や数をあらわす**「数値系形容詞」**。some、first、next、everyなどで、特徴は**数値化できるものが多い**ということ。

ドラマの登場回数をランキング化したものが右の表です！

順位	状態系	回数	順位	数値系	回数
1	new	2008	1	some	2677
2	big	1847	2	first	1656
3	married	1031	3	other	1379
4	long	1003	4	last	1313
5	old	931	5	any	1306
6	ready	682	6	next	1034
7	hard	639	7	every	845
8	real	633	8	another	768
9	sweet	453	9	whole	724
10	important	363	10	enough	593

大きいとか、新しいとか、固いとかも調べれば客観的に数値で示せるので、**ニュースなどでもよく使われる形容詞**と言えます。

会話で大切なのは……気持ち。

そして、注目すべきが3つめの……**【気分系形容詞】**。
OK、great、nice、happy、sick、weird、bad…など。これらの形容詞は**主観的な気分を言えます。**日常会話やドラマで圧倒的に使われているのも、この気分系形容詞。人の気分は**ポジティブ、ネガティブ**の2つに大きく分けられますので、それぞれをランキングにしてみましょう。

ポジティブ

順位	気分系（posi）	回数
1	**OK**	7444
2	**right**	6416
3	**good**	3829
4	**great**	2690
5	**fine**	1317
6	**nice**	1299
7	**pretty**	870
8	**happy**	834
9	**hot**	695
10	**funny**	651

ネガティブ

順位	気分系（nega）	回数
1	**sorry**	2963
2	**bad**	1169
3	**wrong**	829
4	**crazy**	774
5	**weird**	665
6	**stupid**	520
7	**mad**	235
8	**sick**	209
9	**terrible**	208
10	**crap**	207

これらの形容詞は、**【I'm+形容詞】**の形で、I'm sorryやI'm happyのように感情を言えるし、**【get＋形容詞+easily】**を使えば、**I get sick easily**（たやすく病気になる）、**I get hot easily**（暑がりです）など、自分の体質を語ることもできます。さらに、**【You+ look＋形容詞】**の形で、You look weird、You look sickのように相手の気持ちを察することができます(→p.47)。
大丈夫なのか、残念なのか、ハマっているのか…「どんな感じ？」という**「気持ち」を語り合うことで、より心通じる英会話ができるようになるのです。**
それではさっそく、ドラマに出まくりの形容詞を見ていきましょう！

形容詞 1位

OK

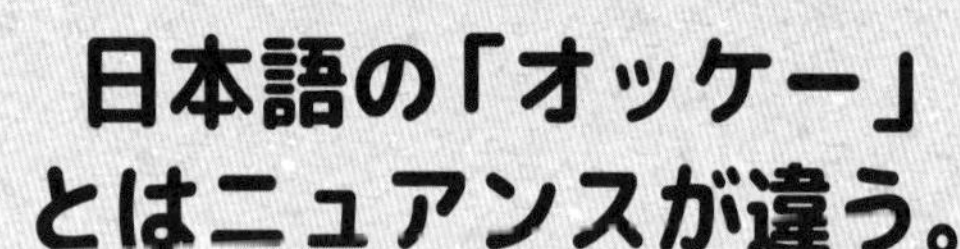

連結ランキング

順位	連結	意味	回数
1位	**OK with**	～で大丈夫	85回
2位	**OK if**	(もし)～しても大丈夫	36回
3位	**OK to**	～しても大丈夫	27回
4	**OK because**	大丈夫、なぜなら～	8
4	**OK that (文)**	～でも大丈夫	8

さあ、やってまいりました。形容詞編です。

第1位はOK。「了解！」の意味でよく使われますが…

ここで問題です。

Do you wanna drink water?　に対して、It's OKと答えた場合。

これは水を欲しいのか、欲しくないのか。どちらでしょうか。

答えは………**【欲しくない】**です！

日本語の「大丈夫」と同じ感覚で、OKは遠慮して言うときに使います。

つまり、本当にポジティブなときはIt's OK とは言いません。

「ではなんて言えばええねん？」……SureやYeahが使われます。

⇨177ページの回答例 I gotta get back to the office.

Do you wanna drink water?
（水欲しい？）

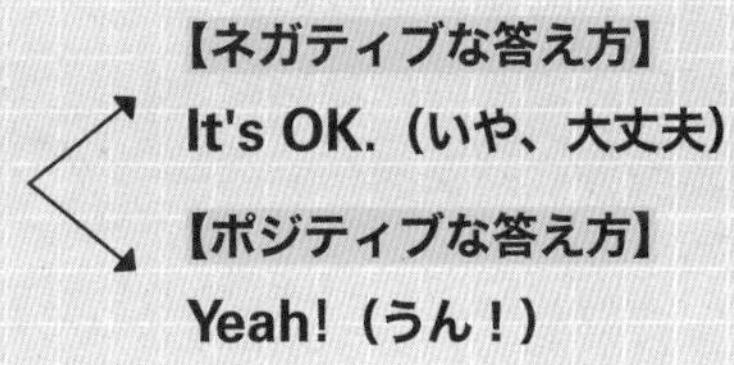

次に、連結ランキングも見てみましょう！
1位は**be OK with**。**Are you OK with the restaurant?**（その店で大丈夫？）のように、これでいいかなと相手を気づかうことができます。
そして2位は**It's OK if**。**Is it OK if I finish the juice?**（ジュース全部飲んで大丈夫？）のように、**これからすることへの相手への許可をとるとき**に使います。
ちなみにこの場合のifは、条件を表す副詞節を導くifなので、if 以下は未来のことでも現在形で言うのがポイントです！

海外ドラマではこう使われる！

TRACK 62

Are you sure you're OK? Ⓢ 1-6
本当に大丈夫？
Are you sure?は「本当に？」と確認するフレーズ。心配のニュアンスです。

OK, OK. I'll see what I can do. Ⓢ 1-2
わかった、わかったよ。なんとかするよ。
相手に非難され、しょうがなく自分の非を認めるシーン。I'll see what I can do.もぜひ復習しましょう（p.43）。

I wasn't in love with her, OK? Ⓗ 1-2
彼女のこと好きじゃなかったんだってば、わかった？
「なんで電話しないの？」と言われたテッドの一言。最後につけるOKは「わかった？」と相手への念押しのOK。

Is it OK if they come visit? Ⓕ 6-20
彼らが来ても大丈夫？
「もしこの選択肢を選んでも大丈夫？」と確認する【It's OK + if】。

Would it be OK if I took off? Ⓢ 6-5
この場から離れさせてもらっても大丈夫？
wouldを使ってより丁寧に確認するフレーズ。このtake offは積極的に離れるleaveのニュアンス。

If you wanna drink, it's OK with me.
I've gotta get used to it. Ⓕ 2-10
お酒を飲みたいなら僕は大丈夫。僕はそういうことに慣れないとダメだし。
禁酒しているボビーが、お酒を遠慮するモニカへ「僕のことは気にせず飲んでくれ」のセリフ。get used to（p.105）。

1秒 英作文「あなたが、私のおばさんにメールしてくれて大丈夫です」 ⇨答えは次のページ

形容詞

2

位

ポジティブ

「右」以外の、3つの意味。

連結ランキング

順位	連結	意味	回数
1位	right now	今すぐに	690回
2位	right here	ちょうどここに	198回
3位	right there	ちょうどそこに	149回
4	right back	すぐに戻る	99
5	right to	～する権利	63
6	right in	～において正しい、～の右側	62
7	right away	すぐに、さっさと	45
8	right thing	正しいこと	40
9	right before	～の直前に	39
10	right up	今すぐに	37

「right って『右』以外にもいろいろ意味あったよな…」

まず、形容詞としてのrightの使い方は **【正しい】**、つまり **【適切な状態】** を表します。**That's right**（そのとおり）や、相づちで**Right**（そうそう）のように使うのが日常会話ではメジャーです。

また返事のフレーズとして、**It's all right!**（いいんですよ！）が便利。

たとえば、Thank youに対する返事として使う場合は、You're welcomeやNo problem、My pleasureの代わりに使えるし、I'm sorryに対する返事として使う場合は、That's OK、No worriesの代わりになります。

…とりあえず、「It's all right」言うとけば「It's all right」なのです。

また、rightは副詞や名詞としてもよく使われます。

⇨ 前ページの回答例　I am OK with you e-mailing my aunt.

副詞のrightの1つめは**【すぐに】**という意味。ランキングで圧倒的1位が、**right now**（今すぐに）というフレーズで690回も登場していました。
4位のright backは、**I'll be right back**（すぐ戻るから）のフレーズで使われており、日常会話でも使えそうですよね。
もう1つの副詞のrightは**【強調】**の使い方。We're waiting right hereだと、他でもない「ここ」で待ってるから！というニュアンスになります。
最後に覚えておきたいright は、5位の**【have no right to＋動詞の原形】**のフレーズ。I have no right to ask this（私にはこれをたずねる資格がない）のように、「～する資格がない」です。名詞のrightであり、**【権利】**という意味になります。
以上のパターンを覚えておけば、rightのシーンはバッチリ理解できます！

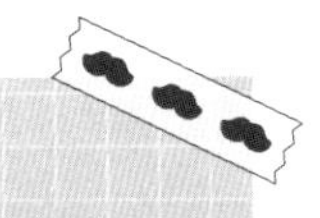

3つのright

1. **形容詞のright**……「正しい」
2. **副詞のright**……「すぐに」「強調」
3. **名詞のright**……「権利」

海外ドラマではこう使われる！

TRACK 63

Are you all right? Ⓗ 4-7
大丈夫？
Are you okay?と同じニュアンスで使えます。

I'm reading it right now. Ⓗ 5-8
今すぐにそれを読むわ。
right nowをつけることで「今すぐに」の意味。あるジョークで使われているシーンなので要チェックです。

I'll be right back. I gotta go to the bathroom. Ⓕ 9-9
トイレ行ってくるわね、すぐ戻るわ。
I'll be right back.は全46シーンで登場。gottaも使われてます(p.176)。

I want to make love to you right here, right now. Ⓕ 7-14
この場所で、今すぐにあなたとしたいの。
「今ここで」。right hereとright nowがセットでよく使われます。

1秒 英作文 「これ、今すぐにはできない」 ⇨答えは次のページ

形容詞

3位

good

ポジティブ

初対面の会話で使える goodなフレーズ。

連結ランキング

順位	フレーズ	意味	回数
1位	good night	おやすみ、じゃあまた	159回
2位	good luck	頑張って、成功を祈ってる	123回
3位	good to	～してよかった	116回
4	good for	(～にとって)よかったね	114
5	good at	～が得意	96
6	good time	楽しい時間	92
7	good idea	よいアイデア	85
8	good news	よい知らせ	73
9	good thing	いいこと	70
10	good one	よいもの、おもしろい冗談	61

goodは「よい」…だけじゃないのです。
「役に立つ」、「親切」、「美味しい」、「都合がよい」、「好ましい」、「上手」、「立派」、「正直」、「善良」、「高潔」、「新鮮」、「健康」、「豊富」、「確実」、「真実」、「従順」、「親密」……**ポジティブなイメージはぜ～んぶgoodでいけるのです**。
動詞に限らず、形容詞でも**「抽象度が高い＝いろいろ使える」**ということ。
「nice」も近い意味ですが、niceの方は自分の気持ちが込められる、主観的な響きであるのに比べ、**goodはより客観的な響き**がします。
さあ、連結ランキングを一気に見ていきましょう。
2位の**good luck**は「幸運を祈る」と覚えていましたが、アメリカでは、「頑張って！」と、別れのフレーズで気軽に使われていました。

⇨前ページの回答例 I can't do this right now.

3位の**good to**はIt's good to see you（会えてうれしい）や、It's good to know（知れてうれしい）のように、I'm gladに近いニュアンスですね。

4位の**good for**はGood for you!のフレーズが頻出しており、「おめでとう！」「すごい！」「よかったね！」と、人を賞賛するCongratulations!のニュアンスです。

5位の**good at**はI'm good at games（ゲームが得意）のように、自己紹介で特技を言える鉄板のフレーズ。

goodも他の単語と組み合わせることで、いろいろな意味で使えるのです。特に、ランキングの1～5位は、初対面の会話で、ひととおり言えると思うので、ぜひチャレンジしてみてください。

海外ドラマではこう使われる！

TRACK 64

Good to see you. — Good to see you too. Ⓕ 10-2

ひさしぶり！　――ひさびさだね。

2回目以降に会う相手にはseeでしたね（p.89）。ハグをして最後にtooをつけるのがアメリカ式です。

How's it going?
— Not good, not good at all. Ⓗ 3-15

調子はどう？　――全然よ。話にならないわ。

Good!と答えるのが普通ですが、心を開いている同士ではこんなやりとりも。

I'll make something up! I'm good at lying! Ⓕ 4-3

俺がうまいこと言うさ！　俺はウソが得意なんだ！

make upには「ウソをでっち上げる」という意味も。【be good at＋～ing】で動詞を自由に着回し可能！

Okay, gotta go. Wish me luck.
— Good luck. Ⓕ 5-18

もう行かなくちゃ、幸運を祈っててね。――頑張ってね。

初出勤のレイチェルのセリフ。別れ際フレーズのオンパレード（笑）。

Have a good night. Ⓕ 9-3

よい夜をお過ごしください。

おやすみ以外にも、ディナーの別れ際にも使えます。

I got a really incredible job offer.
— Hey, great! Good for you! Ⓕ 10-15

すごい仕事のオファーをもらったの。――すごい！　おめでとう！

重大報告のときにも使える、good for youです。

1秒 英作文 「会えてうれしい」 ⇨答えは次のページ

形容詞
4
位

sorry

ごめんだけじゃない、sorry。

連結ランキング

順位	連結	意味	回数
1位	sorry I	私が〜してごめんなさい	154回
2位	sorry about	〜についてごめんなさい	108回
3位	sorry to＋動詞	〜してごめんなさい	48回
4	sorry for	〜について ごめんなさい	39
5	sorry that＋文	〜について ごめんなさい	38
6	sorry you	あなたが〜したこと お気の毒です	22
7	sorry we	私たちが〜して ごめんなさい	19
8	sorry if	もし〜したら ごめんなさい	17
9	I'm sorry too	私のほうこそ、ごめんね	12
10	I'm sorry but	申し訳ないのですが〜	9

sorryといえば「ごめんなさい」。

ドラマでも、I'm sorryもしくはI'm so sorryが頻出していました。

しかし、連結ランキングを見てみると…1位は**Iに連結するパターン。**

これは、**I'm sorry I'm late**のように後ろに**sorryの内容を文で連結させて【感情フィルター】**として使う方法です。

また2位の**sorry about**、4位の**sorry for**は後ろに名詞句をつけて言えます。

I'm sorry about being late.（遅れたことを後悔してます）

I'm sorry for being late.（遅れてすみませんでした）

ニュアンスはaboutもforも同じですが、ごめんなさいだけじゃなく、後悔と

⇨前ページの回答例 It's good to see you.

自戒の思い、申し訳ない気持ち……など、いろいろな意味で使えます。
もう1つ興味深いI'm sorryの使い方。
ドラマを見ていると葬儀のシーンでI'm sorryが使われていて、「なんであやまるん？」と思ったのですが、「お気の毒に」「御愁傷様です」という意味でもI'm sorryが使えるのです（I'm sorry for your lossが正式なフレーズ）。
葬儀だけでなく、I broke up with him（彼氏と別れたんだ）のように**【何て声をかけてあげてよいかわからない場面】**でもI'm sorryが使えます。
また、相手の言っていることがわからんときは、I'm sorry?と語尾をくいっと上げて聞き返すのも定番ですね。
ちなみに、中学校で習ったPardon?（もう一度いいですか？）を言うアメリカ人には1人も出会いませんでした…（笑）。

海外ドラマではこう使われる！

TRACK 65

I'm sorry about that. Ⓕ 10-7
そのことはごめんねー。
何か話題に対して「ごめん」と言う場合は、I'm sorry about that.が使われます。

I'm sorry I didn't tell you. Ⓕ 7-16
言わなくてごめん。
I'm sorryに続けて、その内容を文で連結できます。

I'm sorry I can't, I'm busy. Ⓕ 4-6
ごめんなさい、忙しくて行けないの。
「いつ行く？」に対するレイチェルのセリフ。I'm sorry I can'tはお断りの定番フレーズ。

I'm sorry I went out with him when I knew you liked him. Ⓕ 2-13
あなたが彼のこと好きだって知ってたのにデートしてごめん。
主語が四つの複文。know、sorry、likeのような主観を組み合わせたセリフです。

I'm sorry about this afternoon. If I had known that you two, I never would have .... Ⓕ 4-5
昼間はごめんね。二人のことを知ってたら、あんな風には……。
ジョーイの彼女と知らずに口説いたことをチャンドラーが謝るシーン。I'm sorryのあとに「もし～だったら…しなかった」と言い訳の連結です（笑）。

1秒 英作文 「遅れてごめんなさい」 ⇨答えは次のページ

そのほか
重要
形容詞
1
位

数値系

some/any

ぼかしのsome、存在すればany。

〘 someの連結ランキング 〙

順位	連結	意味	回数
1位	some of	～のいくらか、一部の～	152回
2位	some people	一部の人々	62回
3位	some kind of	ある種の、何らかの	55回

〘 any連結ランキング 〙

順位	連結	意味	回数
1位	any of	～のいずれか、～のどれでも	163回
2位	any more	それ以上、今後は	77回
3位	any other	他のいかなる、他に1つでも	46回

some、anyは「いくつかの」と覚えていました。
でも…そもそも日本語で「いくつか」ってあまり言わなくないですか？
「大学の友達と飲み会やねん」もわざわざ「何人かの友達」とか「友達ら」って言わなくても、飲み会やから数人いるやろ～って想像できます。
しかし、**英語は必ずfriends って複数形にする必要があります**。これは現実世界を忠実に表現しようとする英語特有のルールなのですが、**人数がぼやっとしているとき、とりあえずぼかして数を言うのがsome**なんです。
some ofだと、あるグループの中の「ぼやっとした何人か」。some peopleも同じニュアンスです。
連結ランキング3位の**some kind of**。**Can I have some kind of food?**

⇨ 前ページの回答例　I'm sorry I'm late.

(何か食べ物をもらえますか？) は食べ物にモザイクをかけるようにあいまいにすることで、相手に自由に選べる可能性を与えています。つまり控えめで丁寧なお願いになるということです。

一方、anyを使って…**Can I have any kind of food?** (何でもいいから食べ物もらえます？) だと、食べ物なら何でもいい。選択肢は完全に委ねるニュアンス。**こちらの方が、「とにかくくれや」という欲しい感じのニュアンスが出ます。**

anyは1つでも存在すればよいので、**I cannot give you any food!** のようにnotを使えば、「おまえに食わせるフードはねぇ！」と1つもないことを強調して言えるんです。

学校では肯定文はsome、疑問文はanyを使うと習いますが、これは単純に「相性がいいだけ」です。実際は、疑問文でsomeが使われることもよくあるので、ぜひ海外ドラマをチェックしてみてください！

海外ドラマではこう使われる！

TRACK 66

Can I get some coffee? Ⓕ 6-12
コーヒーもらえますか。

疑問文だけど、Can I get any coffee? とは言いません。

Is there any food around here? Ⓕ 6-15
この辺に何か食べるものある？

anyで量に関係なく、「あれば何でも」というニュアンス。

Hey, did you drink any of this?
— Not a drop. Ⓗ 4-7
ねえ、ちょっとでも飲んだ？ ——1滴も飲んでないよ。

any を使うことで「量に関係なく」、つまり「ちょっとでも」。

Maybe he had some kind of new style that you're not familiar with. Ⓕ 2-5
たぶん彼は、君が知らない何かしらの新しいスタイルを持ってたんだろう。

some kind ofで「何かしらの」。「よくわからない何か」というニュアンスを出せます。be familiar withは「～に精通している」。

Some of the stuff wasn't where you said it would be, but I made it work. Ⓕ 9-21
お前が言ってた場所になかった絵もあったけど、切り抜けたよ。

ジョーイが美術館で彼女によいところを見せるために、ロスに絵の解説法を仕込んでもらい成功したあとのセリフ。stuffは「もの」。共通認識がある場合によく使われます。

1秒 英作文 「何でもよいので質問はありますか？」 ⇨ 答えは次のページ

そのほか
重要
形容詞
2
位

ネガティブ

bad

悪いだけじゃない！
残念や同情もbad。

連結ランキング

1位	bad news 残念な知らせ	41回
2位	bad for ～を気の毒に思う	37回
3位	bad idea まずい考え	31回

「badは『悪い』やろ」と思ったあなた。見てください。
悪い、不快な、不十分な、動かない、役立たず、不道徳、間違った、下品、怒りっぽい、険悪、腐った、害がある、病んでる、後悔、都合悪い、否定的、無効……もう、**あらゆるネガティブイメージはぜーんぶbadです**。
特に、**Too bad!** がドラマによく出てくるのですが…めっちゃ最悪!!…という意味では使われていません。**It's too bad he can't come**（彼が来れないなんて残念だね）のように、「残念」のニュアンスで、相手に共感、同情するときに使われています。
2位の**bad for**も「残念に思う、後悔する、同情する」。
I feel bad for him（彼を気の毒に思う）というように、feel bad ～で使われることが多く、先ほどのsorry for / sorry aboutで言い換え可能。謝罪と同情の気持ちを伝えることができます。

海外ドラマではこう使われる！

TRACK 67

Now I feel bad for the kid. Ⓕ 7-18
その子どもに同情するわ。
同情のfeel bad for。ロスに恋した生徒が成績が悪くなった話を聞いたレイチェルの言葉。

I feel bad about leaving you out here. Ⓗ 6-9
君を置いてここから出て行くことを残念に思う。
後悔のfeel bad about。leave you outは「あなたを残して出て行く」ニュアンスです。

Too bad we're gonna have to return them. Ⓕ 8-10
返品しなければならないなんて残念だね。
「返品するなんて最悪」ではなく残念な気持ちなので要注意。【(it's) Too bad＋文】で感情フィルターとして使えます。

⇨前ページの回答例 Do you have any questions?

そのほか
重要
形容詞
3
位

数値系

next

となりのnext。

連結ランキング

順位	連結	意味	回数
1位	next to	～のとなり、～の次に	117回
2位	next day	翌日	109回
3位	next time	次回	86回

nextのコアは**【となり】**です。下から順にランキングを見てみると…

3位が**next time**（次回）、2位が**next day**（次の日）。

これらは**【next +名詞】**の形であり、「次の」という意味になります。

そして1位は…**next to**。前置詞のtoと連結して使われますが、toは向かい合わせのイメージなので、**「～のとなり」**の意味になります。

では、上のイラストを英語で言ってみてください。

She lives next to his house.（彼は彼女の家のとなりに住んでいる）

…簡単ですよね。next toの後ろにくっつければいいだけです。

next to me（私のとなり）、next to you（きみのとなり）、next to her（彼女のとなり）、next to Totoro（トトロのとなり）

「……俺のとなりに何がおるねん!!!!!!」ってトトロもびっくりですよね。

『My neighbor Totoro(となりのトトロ)』で、neighborが「隣の」です。

海外ドラマではこう使われる！

TRACK 68

I still want to be next to you. Ⓗ 5-21
あなたの横にいたいの。
旦那と一緒に添い寝したいというリリーのセリフ。

Next time, it is on me. Ⓗ 6-5
次回は、おごるよ。
「次は払うよ」、という日常で使えそうなフレーズ。it is on meで「私もちで」の意味。

The next day, Miranda decided to check out her new neighborhood. Ⓢ 2-5
その翌日、ミランダは彼女の新しい近隣を散策することにした。
the next day（その翌日）はナレーションでよく出てきます。check out neighborhoodで「ある地区を散策する」ニュアンス。

1秒 英作文 「そのことについて後悔はしていない」 ⇨答えは次のページ

そのほか
重要
形容詞
4
位

ポジティブ

pretty

かわいいだけじゃない、謙遜するpretty。

連結ランキング

1位 **pretty good** まあまあ良い 78回

2位 **pretty much** ほとんど、だいたい 75回

3位 **pretty sure** まず間違いない 48回

プリキュアのように、「pretty＝かわいい」の意味でも使えますが、連結ランキングで１位は**副詞として使われるpretty good**。

「かわいくて最高！」……ではないのです。このprettyは**【まあまあ、結構】**の意味なので、pretty goodは「まあまあよい」。

very goodが「とてもよい」とgoodを強調するのと逆で、prettyは**【goodを弱める働き】**があります。very good > good > pretty goodの順番。

たとえば、イメチェンした彼女にYou look pretty good! はダメです。

相手をほめるときには、very good、really goodなどを使いましょう。

「じゃあ、いつpretty使うねん？」ってことですが、**I think I did pretty good!**（まあまあできたと思うよ）のように**【自分のことを謙遜して言うとき】**に使うのが正解です。〈I'm pretty sure＋文〉なら、「確信はないけどそう思う」と控えめに意見を言えます。

▶ 海外ドラマではこう使われる！

TRACK 69

I'm getting pretty good at it. Ⓕ 4-4

まあまあ上達してきたんだ。

ダンスを始めたジョーイのセリフ。「英語はどう？」と聞かれたときにはぜひ使いましょう（笑）。

It's pretty much New York. Ⓗ 3-2

ほとんどニューヨークだよ。

ニュージャージーについて語るテッド。almostと同じ意味でpretty muchもよく使われます。

I'm pretty sure I gave you my number. Ⓕ 10-7

電話番号、確かに渡したはずだけど。

【I'm sure＋文】で自分の確信を伝えられます。prettyを入れると80％くらいの確信度。

⇨ 前ページの回答例 I can't feel bad about that.

そのほか
重要
形容詞
5
位

ネガティブ

wrong

反撃！ツッコミ！
間違いを指摘するwrong。

連結ランキング

順位	表現	意味	回数
1位	(be) wrong with	～にとって具合が悪い	168回
2位	wrong way	間違った道	11回
2位	(be) wrong about	誤解する	11回

wrongはrightの反対なので、**【間違った】**という意味です。

よく使われるのが…**Don't take this the wrong way**.

「間違った方法を取らないで」から…「誤解しないで」という定番フレーズ。

そして、ドラマで最もよく使われてたのは、What's wrong with ～？のセリフ。

What's wrong with that?（それのどこが悪いねん）は相手に反撃する**【戦闘フレーズ】**です。

また、What's wrong?だけだと、「一体どうしたの？」「ちょwww」と**異変を指摘するツッコミフレーズ**になります。

このように、反撃したり、ツッコミを入れたり、感情が動くシーンで使われるのがwrongなのです。

海外ドラマではこう使われる！

TRACK 70

What's wrong with this freezer? Ⓕ 4-8

この冷凍庫どうなってるの？

氷が飛び出してくる冷凍庫に悲鳴をあげるモニカ。

He's a little enthusiastic.
What's wrong with that? Ⓕ 8-18

彼はちょっと熱狂的なだけだよ。それのどこがいけないの？

自分の彼氏をからかわれて怒るフィービーのセリフ。enthusiasticは「熱狂的な」。

Don't take this the wrong way
... but your place has a kind of weird smell. Ⓕ 4-6

怒らないでほしいんだけど……あなたの部屋は変なにおいがするの。

「言いにくいんだけど」、という前置きのDon't take this the wrong way。

1秒 英作文 「私たちのルックスはまあまあイケてるよ」 ⇨答えは次のページ

そのほか
重要
形容詞
6
位

ポジティブ
ネガティブ

crazy

狂おしいくらいハマる。
ポジもネガもcrazy。

連結ランキング

1位	**crazy about**	～にハマっている、夢中になっている	37回
2位	**crazy eyes**	クレイジーアイ（How I Met Your Motherより）	10回
3位	**crazy person**	頭のおかしい人	9回

crazyの本質は**【アブノーマル】**。そう、普通ではないんです。

You are crazy!（頭おかしいんか！）と相手を罵倒することもできますが、I'm crazy about you（もう狂おしいくらい大好き）という意味でも使われる…なんともツンデレな存在がcrazyです。ポジティブでもネガティブでもどっちの意味でもいけるところは、日本語の「やばいわ～」の感覚に近いです。

１位の**crazy about**は、**I'm crazy about writing the book.**のように、自分の好きなことをcrazy aboutの後ろにつけて言えます。

日本語で「ハマっている」という感覚。初対面の会話などで使えば、相手に強い印象を残せそうですよね。

2位の**crazy eyes**は「How I Met Your Mother」のすごい能力のある「目」を描いたストーリー（season2-7）で出てきますので、ぜひ。

海外ドラマではこう使われる！

TRACK 71

Miranda was so crazy about him in return. Ⓢ 2-10

ミランダはその見返りに彼に夢中になっていた。

自分のことを愛してくれる彼に夢中なので、in returnが使われてます。

I don't want my new husband to think I'm a crazy person. Ⓗ 1-13

夫に私が狂ったヤツだと思われたくないの。

【want＋人＋to】と【think＋文】が合体した複文です。

I'm not crazy about babies. I'm crazy about us. Ⓕ 8-23

赤ちゃんが好きなんじゃないよ、俺たちが好きなんだよ。

子ども嫌いのチャンドラーが赤ん坊を見つめていて、「どうしたの？」と嫁のモニカが聞くシーン。

⇨ 前ページの回答例　We look pretty good.

ネガティブ

weird

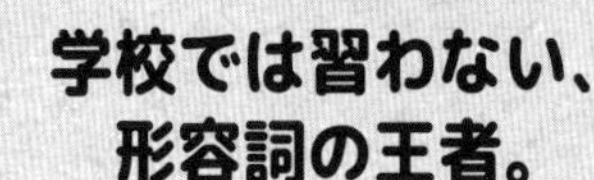

連結ランキング

順位	表現	意味	回数
1位	weird thing	変なこと	18回
2位	(feel) weird about	～について変だと感じる	14回
3位	It is weird that + 文	～は変です	13回

学校では習わないのにドラマに出まくるキングオブ形容詞！ weirdです。**【奇妙な、変な】**という意味でよく使われます。学校で習う言葉ではstrange（45回）、odd（26回）が近い意味ですが、weirdはドラマに665回も登場しており、もう圧倒的にweirdが使われているのです。

なぜweirdが使われるかというと、**軽くて口語的な響きがする**からです。strangeはフォーマルで書き言葉的だし、oddは「異常だ」という大げさなニュアンスになってしまいます。「なんか変やな」「おかしいな」「なんでやろ」という軽くツッコミを入れたくなるときは取りあえず、weird言うておきましょう。

発音は……「うぃあーどぅ」。

海外ドラマではこう使われる！

TRACK 72

Stop being weird. Ⓗ 7-4
変になるのやめて。

マッサージ中に変な声を出すマーシャルに一言。

She's been acting really weird for a few weeks now. Ⓗ 7-12
彼女ここ数週間、何だか様子がおかしかった。

weirdは形容詞なのでS + Vの骨格（she's been acting）に対して連結することで主語の状態を表せます。

Something weird happened with Zoey last night. Ⓗ 6-11
昨夜、ゾーイといるときに変なことが起こったんだ。

【something + 形容詞 + happened】で会話のつかみのフレーズとして使えます。

1秒 英作文　「そんなふうに彼を見るなんて本当に変だよ」 ⇨ 答えは次のページ

そのほか
重要
形容詞
8位

ポジティブ
ネガティブ

mad

怒るだけでなく、ポジティブな意味も！

連結ランキング

1位 **mad at＋人**
～に怒っている 99回

2位 **mad about**
～について怒っている 11回

3位 **mad libs**
言葉の穴埋めゲームの名前 6回

madが一番よく使われるのは、怒りの場面。
ダントツで１位が**mad at**。**I am mad at you.**（あなたに怒っている）
これはネガティブな言葉であり、**I'm angry with you**で言い換えられますが、angryとmadは同じくらい怒っています。
怒りの形容詞としては**upset**もよく出てきますが、こちらは「動揺」のニュアンスがあるので、怒り、悲しみなど感情が動いてるときに幅広く使えます。**【怒りの３兄弟／ mad、angry、upset】**として覚えておきましょう。
そして、上のイラストどこかで見た気がしませんか？　そう、crazy （→p.198）です。実は、madはcrazyと同じニュアンスもあり、I'm mad about the birthday!（誕生日に熱狂した！）や I'm mad for him!（彼に夢中！）。
…このように**ポジティブな気持ちでも使える**んです。mad at→ネガティブ。mad about / mad for→ポジティブ＆ネガティブ。整理しておきましょう！

海外ドラマではこう使われる！

TRACK 73

You think he's still mad at us? Ⓕ 3-17
彼はまだ怒ってると思うの？
「私たちに」なので、mad atが使われます。stillは「まだ」の副詞。

You can't be mad about the past. Ⓕ 5-12
過去については怒ることができないわ。
怒りを抑える方法を教えるフィービーのセリフ。

Look, Ted, I'm not mad at you. Ⓗ 8-17
なあテッド、僕は怒っていないよ。
「めちゃめちゃ怒られる」とおびえるテッドに、キャプテンの一言。

⇨ 前ページの回答例　It's so weird seeing him like that.

COLUMN

マイナー単語と基本単語の対応表

基本単語を使えば、よりナチュラルに言える！

これまで受験やTOEICで学んできた多くのマイナー単語は、意味が限定的でフォーマル。一方、メジャーな基本単語は、意味が抽象的でカジュアル。そして、日常会話で圧倒的に使われるのは後者であることをお話ししてきました。

日本語で言うなら「チケットを手配して」と、「チケットとって」の違い。「手配する」方がビジネスっぽい響きで、「チケットをとる」は、友達と会話するニュアンスですよね。すなわち、「書き言葉」と「話し言葉」の違いです。

本書ではドラマを分析して**【基本単語と前置詞の組み合わせ】**にフォーカスしていますが、**ビジネスのメール、新聞のニュースなどではマイナー単語を使った表現が好まれます。**

そこで、日常でよく使われる基本単語とマイナー単語の関連性をまとめました。「TOEICで覚えたあの単語は、この簡単な単語が使えるんや〜」と頭の中を整理するのにぜひ役立ててみてください！

マイナー単語	回数	会話で使う句動詞	回数	意味
continue	81	go on	575	続ける
reconciliate	0	get back	306	復縁する
seek	25	look for	279	探す
discover	80	find out	247	見つける
relocate	3	move in	172	引っ越しする
reveal	30	turn out	163	判明する
furlough	1	take off	132	休暇をとる
confirm	12	make sure	116	確かめる
overcome	3	get over	102	乗り越える
encounter	5	run into	85	出くわす
vomit	35	throw up	50	吐く
reasonable	18	make sense	50	道理にかなう
predict	3	call for	36	予報する
abscond	0	run away	35	逃亡する
extinguish	0	put out	25	火を消す
tolerate	4	put up with	25	我慢する
discard	1	throw away	18	捨てる

＊登場回数は他の意味で使われている場合も含めています。

PART 5

気持ち伝わる副詞ランキング

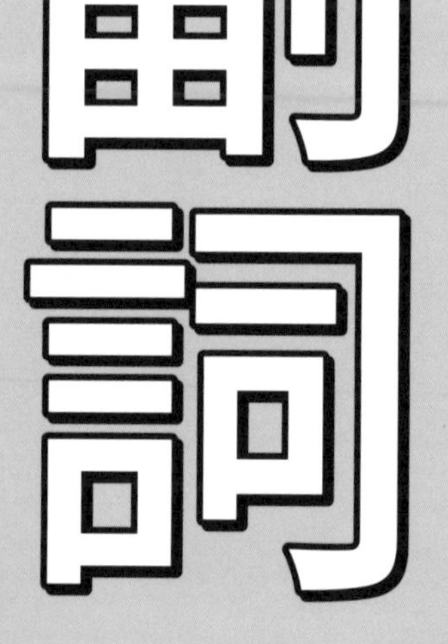

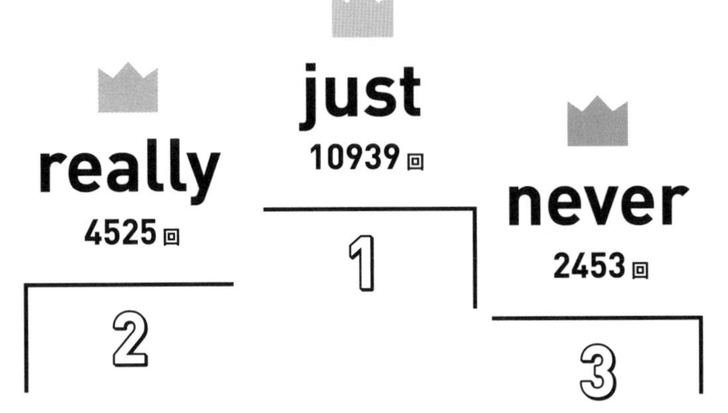

④	little	2393回	15	totally	713回	28	ahead	174回
⑤	too	2343回	16	already	557回	29	somewhere	170回
⑥	maybe	1876回	17	yet	524回	30	instead	164回
⑦	even	1776回	18	probably	522回	31	apparently	161回
⑧	still	1676回	19	once	521回	32	suddenly	161回
⑨	again	1494回	20	exactly	514回	33	completely	158回
⑩	ever	1446回	21	ago	474回	34	quite	142回
			22	also	391回	35	obviously	135回
			23	finally	374回	36	meanwhile	121回
11	very	1439回	24	seriously	355回	37	clearly	119回
12	actually	1115回	25	almost	317回	38	anywhere	117回
13	always	1072回	26	absolutely	246回	39	usually	109回
14	together	979回	27	definitely	203回	40	rather	105回

I'm just going away!

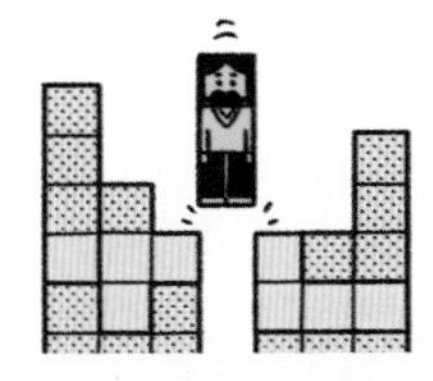

INTRODUCTION

副詞で伝える、数値にできない感覚。

ここまで長かったですが…ラストは副詞です！
副詞は基本的には他の語と組み合わせて使うのが特徴であり、**料理でいうところの塩とかスパイスのような存在**です。料理の味を強めたり、引き立てたりする働きを持ちます。そして、会話で使われている副詞を分析していくと、ある重大な共通点があることに気づきました。

「私の心のストライクゾーン」に対して使うのが副詞。

その共通点とは、**【私の感覚、価値観に対して語っている】**ということ。たとえば、justやexactlyやreallyは、私が持っている期待、基準の中心に入ってきたときに、「まさに！　ほんまに！　それやねん！」と叫びたくなるような…**中心**の感覚です。ストライクゾーンのど真ん中に球が入ってくるイメージ。この人こそ運命の人や！という感覚です。
また、「全然悪くないんやけど、ちょっとどこかが違うんよな…」
という中心の**周辺**にある感覚は、almost（おしい）、little（ちょっと）が使われますし、あまりにも外れすぎて「もう**論外**や！」と言うときは、too（やりすぎ）、never（絶対ない）が使われます。
一方で、この人ものすごくど真ん中のタイプやったのに…話してみたら全く違った(泣)という場合もありますよね。逆に、絶対にないって思ってたのに、結婚してみたらすごく相性がよくて、「今最高に幸せです」というパターンもあると思います。
つまり、「思てたのとちゃう!!!!」という**予想外**の球に対して使われるのがevenやstillなのです。

このように、英会話で頻出の副詞は**【私の心のストライクゾーンに対しての距離を語っている】**のが特徴。その球種をグループ分けしてみました。

日常会話の目的とは何か？

たとえば、ゆでたまごに塩かけるとき。ベストな塩加減がありますよね。too much（かけすぎ）なのか、little bit more（もうちょい）なのか。
「…すまん、あと1.3468mgかけてくれ」みたいに客観的数値で言えませんが、副詞を使うことでベストな塩加減を伝えることができるのです。
他にも、料理の味、音楽、仕事、趣味、生活スタイル…などだれもがあらゆる事に対して**「自分だけのストライクゾーン」**がありますよね。
僕らが日常会話する理由の１つって、突き詰めて言うと、「ちゃうねん！」とか「それそれ！」って言いながら、お互いの価値観、基準を擦り合わせていくことで、わかり合い、仲良くなっていくことだと思うのです。
これまでの動詞、助動詞、前置詞、形容詞の土台の上に、**副詞をスパイスのように加えることで、「その人ならではの基準や価値観」を伝えられるのです。**
すると、英語を**「自分の言葉として」**話せることを実感してもらえると思います。
…それでは最終章、いってみましょう！

副詞 1位

just

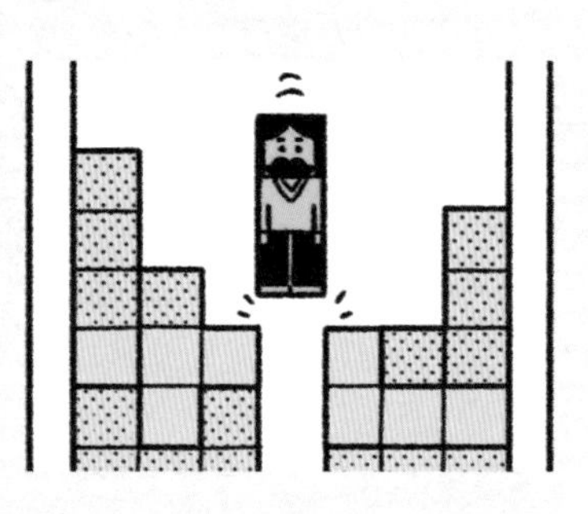

それ！ここ！今！まさに！主観的副詞。

連結ランキング

順位	連結	意味	回数
1位	just＋a,an,the	まさに、ちょうど～	527回
2位	just like	まさに～のよう	233回
3位	just got	今まさにgetしたところ	230回
4	just gonna	まさに～しようとしてる	185
5	just don't	ただ～ないだけ	182
6	just want	ただ～したい	172
7	just go	とにかく行く	163
8	just so	まさにとても	161
9	just say	簡単に言う、～だけ言う	152
10	just have to	～するしかない	111

いよいよ最終章。副詞編です！

まずは、ドラマで驚異の１万回以上登場しているjust。

６時ジャスト！、ジャストフィット！みたいに日本語でも使うので、なんとなく感覚はわかるかもしれません。**大きく分けて4つの使い方**があります。

１つめは、先ほどの６時ジャスト。**【ぴったり】**という意味で、**You came here just at 6**（６時ぴったりに来た）。

２つめは、**I just finished the book**（ちょうど本を読み終えた）のように**【ちょうど今】**というニュアンスです。

3つめは、恋愛フレーズとしてよく使われる **I just wanna be with you**（ただあなたと一緒にいたいだけ）です。I wanna be with you よりも、他に特に何か理由があるわけでもない、just wannaで「**ただそれだけ**がしたい」という強い主観的な気持ちを言うことができるのです。 他にも、好きな女子をデートに誘えなくてうじうじしている友達がいたら、**Just call her!!** で「ごちゃごちゃ言わずに取りあえず電話しな！」みたいにも言えます。

４つめはランキング２位の**just like**の言い方。「**まさに**〜みたいやった！」というたとえツッコミに使えます(→p.34)。

…このように、justは「ぴったり／ちょうど今／だけ／まさに」など多様な意味はありますが、共通しているのは**【それ！ここ！今！まさに！】**。

意識の原点、XとY軸が交差する基準のような場所であり、ど真ん中を指差すような感覚です。この基準があるからこそ、littleやtooなどの他の副詞の概念が生まれます。

実際は６時ジャストには着かないし、「電話する？いやメール？いや待つ方がいいかも」……とぴたっと定まらず、揺らぎがあるのが僕らの意識です。

その意識をどこか１つにフォーカスさせる、「それ！ここ！今！まさに！」と感情高まる瞬間、それがjustなのです。

海外ドラマではこう使われる！

TRACK 74

It's just a bummer. Ⓗ 6-9
それはほんと残念なんだ。

bummer（名詞）は「残念、がっかりの気持ち」。That sucksや、too badに近い表現で、ドラマによく出てきます。

I'm just a little embarrassed. Ⓗ 3-13
ほんのちょっと恥ずかしいだけ。

just a littleが75回登場。「ほんのちょっと」と口ぐせのように使われます。embarrassedは「恥ずかしい」でこちらも頻出。

She looks just like you. Ⓗ 5-2
彼女はまさに君みたいだ。

「〜のようだ」のlikeにjust をつけて、「まさに〜のようだ」と強調するセリフ。【just like＋文】で引き延ばすこともできます（p.34）。

I'm just gonna tell her that it happened. Ⓗ 5-13
起こったことを今から彼女に言ってきます。

just gonnaで「まさに〜しようとする」。今すぐのニュアンスを出せます。

1秒 英作文 「ちょうど彼の部屋についたところ」 ⇨ 答えは次のページ

副詞 2位

really

ほんまに？気軽に心の声を話せる副詞。

連結ランキング

順位	連結	意味	回数
1位	really good	本当によい	128回
2位	really want	本当に欲しい	125回
3位	really think	本当に思う	97回
4	really nice	本当にすてき	85
5	really like	本当に好き	82
6	really need	本当に必要だ	69
6	really don't	本当に～ない	69
8	really great	本当にすばらしい	64
9	really do	本当にする	60
10	really sorry	本当にごめんね	51

「いろいろな種類の副詞を使いこなすのが難しいなぁ～」

そんなあなたにまず使って欲しいのが、このreallyです。

動詞にも形容詞にも単独でも使え、とりあえずこれ使っておけば味を引き立てられる、**クレイジーソルト的な存在**です。

教科書の会話文で、**Really?**（ほんまに？）と合いの手を入れるシーンはよく見かけますよね。わりと軽い感じで使えるのが reallyで、もっと驚きを伝えたい時は **Seriously?**（まじで!?）が使えます。

reallyは単独で使われるイメージがあったのですが、連結ランキング１位は really good。**It looks really good!** のように、「それは本当に（見た目が）よい！」と気持ちを込めてほめることができるのです。

➪ 前ページの回答例 I just got to his room.

また、really bad、really sad、really greatなどポジティブ、ネガティブに関係なく really を使うことができます。
教科書では、very good のように very の方がメジャーだと思いますが、ドラマでは **【really ＋形容詞】** の方がよく使われます。
連結ランキング2位、3位は **I really want**、**I really think** と感情・思考系の動詞の前に入れて、「本当にしたい」、「本当にそう思う」と自分の欲求や考えを相手に伝えるときに使うことができます。
I really, really want this job!（本当に本当に仕事が欲しい！）や **I really, really think I can**（本当に、本当に私はできると思う）のように、reallyをくり返して強調するようなセリフも使われていて、**感情のこもった日常会話らしい響き**がします。
ちなみに、reallyの発音のコツは、最初は r 、後半は l なので出だしの r の発音は口を突き出して「うー」と言いながら、「うぅりありぃ」と喉の奥から声を出せばそれっぽく響きます！　少しため気味で言ってみましょう。

海外ドラマではこう使われる！

TRACK 75

He must be really good-looking. Ⓗ 2-13
彼は超イケメンに違いないわ。
「見た目がよい」はそのまま、good-lookingです。

I really wanna make it work. Ⓕ 3-16
なんとかして、やり直したい。
make it workで「それをworkさせる」。このシーンでは別れた彼となんとしてもworkしたい、つまり「やり直したい」ということ。

I want you to really think about your answers. Ⓕ 6-3
君の答えを真剣に考えて欲しいんだ。
【want＋人＋to不定詞】で「人に～して欲しい」。このreallyはseriouslyに近いですね。

This feels really good.
Is it a hundred percent cotton? Ⓕ 3-6
本当に気持ちがいい。コットン100%？
feel really＋形容詞で、深い気持ちを言うことができます。

1秒 英作文　「本当にそれが真実だと思ってるの？」 ⇨ 答えは次のページ

副詞 3位

今まで一度もない。今後もない。notの進化系。

連結ランキング

順位	連結	意味	回数
1位	**never** gonna	絶対に〜しない	97回
2位	**never** been	一度も〜ない	89回
3位	**never** have (to)	絶対に持たない、全く〜しなくていい	73回
4	**never** be	絶対に〜の状態にならない	70
5	**never** had	もったことがない	65
6	**never** seen	見たことがない	63
7	**never** get	絶対にgetしない	57
8	**never** do	絶対に〜しない	53
9	**never** thought	一度も考えたことがない	51
10	**never** mind	ドンマイ、気にすんな	46

never って聞くと「現在完了形の経験」を思い出しませんか…？

I have never been to Tokyo で「今までに一度もない」という意味になり、「未体験」の意味を表す…これが中学校で習うneverですよね。

しかしなのです。**英会話では現在完了以外の場面でneverが使われることの方が多いのです！**

連結ランキングを見てください。海外ドラマを見ていると「ねばがな」、「ねばがな」と耳に残る呪文のような響きが聞こえてきて個人的にお気に入りなのですが、これが１位のnever gonnaです。

I'm never gonna smoke.（絶対に喫煙しない）

I'm never gonna talk to my dad again.（オヤジとは二度と話さない）

➪ 前ページの回答例　You really think that's true?

I'm not gonna smoke、I'm not gonna talk to my dad…のようにnotを使うよりもnever gonnaの方が「二度とするもんか！」という**【人生で二度とやらない決意】**を言う強力なフレーズになります。notがヒトカゲならneverはリザードン。neverはnotの進化系なのです。
また、I'll never smokeのようにwillを使って言うこともできます。
先ほど紹介したreally wannaの反対のイメージ。
【really wanna（絶対したい）⇔never gonna（二度としない）】をセットで覚えておくとわかりやすいです。
そして、もう1つドラマでよく使われるのが**never have to**。
You never have to worry about it（おまえは全く心配しなくていい）のように、You don't have to worry about it よりも強力な頼りがいを出せる男前フレーズです。
ちなみに日本語でよく使われる「気にしないで！」の「ドンマイ（Don't mind!）」は英語では言いません。Never mind! が使われます。

海外ドラマではこう使われる！

TRACK 76

That is never gonna happen. Ⓗ 6-5
それは絶対に起こらないよ。
相手を説得する強い気持ちです。

You're never gonna get it! Ⓕ 3-21
絶対に当たらないから！
言いたくない話があるフィービーが、それを当てようとするモニカに対して言うシーン。

I've never been happier. Ⓗ 5-17
この上なく幸せよ。
「これ以上の幸せはない」。neverを使って言ってみましょう。

I'm so excited. I've never been there. Ⓕ 4-18
すごくワクワクしてるの。そこに行ったことないから。
来週ロンドンに行くというシーン。中学校で習うneverの使い方ですね。

You're never gonna believe this. I'm at the hospital. Ⓗ 3-18
絶対に信じられないと思うけど、今病院にいるんだ。
今、子どもが生まれたことを報告するシーン。すごい話の前置きに使えます。

1秒 英作文 「絶対に二度とそのことを考えたくはない」 ⇨ 答えは次のページ

副詞 4位

little

それは魔法の言葉、りるびー。

連結ランキング

順位	フレーズ	意味	回数
1位	little bit	ちょっと	188回
2位	little more	もうちょっと	58回
3位	little girl	少女、幼女	54回
4	little thing	ちょっとしたこと	35
5	little too＋形容詞	ちょっと〜すぎる	30
6	little something	ちょっとした何か	25
7	little weird	ちょっと変だ	24
7	little while	少しの間	24
9	little boy	小さな男の子、小動物	23
10	little guy	小さな男の子、小動物	22

リトルといえば、「小さい」、「短い」という形容詞としての使い方もありますが…会話で圧倒的に使われているのは副詞的な使い方。

連結ランキング１位は**little bit**。…「リトルビット」ではないですよ、発音は「りるびー」。正しくはa little bitで**【ちょっと】**という意味です。

ではなぜ、a little bitが日常会話でアホみたいに使われるのでしょうか。

Can I come a little bit closer?（もうちょっとそっちに行っていい？）

I'm gonna stay a little bit longer.（もうちょっとここにいるわ）

A little bit more.（もうちょっと（飲み物を注いで））

……どれも日常でありそうなシーンですが､「あと35cmこっちに来てよ！」「あと２日と３時間23分ここにいるわ」「あと5.74ミリリットルお茶ちょうだい！」

⇨ 前ページの回答例 I never wanna think about it again.

とはなりませんよね。
僕ら人間はマシーンじゃないので正確な数値は言えないです。
その代わりに取りあえず言っとけば、なぜか通じ合えてしまう魔法のような言葉、それがa little bitなのです。littleもニュースでは使われない日常会話ならではのあいまいで便利な単語ですね。
海外ドラマのlittleのセリフを分析していて、とても興味深いことを発見しました。……それは、**It's a little weird**（ちょっと変やね）、**It's a little creepy**（ちょっとキモいね）、**He gets a little crazy**（彼、ちょっと正気を失ってるね）。
つまり、相手を非難するネガティブな形容詞を用いるときに、少しオブラートに包むようなクッションとしてのlittleがかなりの頻度で使われているのです。
海外ドラマSEX and the CITYでは、You just a little bi●chのような強烈なフレーズもありました。
先ほどの副詞2位のreallyは、It's really great! やYou're really cool! のように、ポジティブな形容詞にreallyで味を引き立てる役割でしたが、ネガティブな形容詞をlittleで味をまろやかにするイメージ。「調味料」としての働きを副詞が持っていることがよくわかりますよね！

海外ドラマではこう使われる！

TRACK 77

When I see her,
I get a little bit angry. Ⓕ 8-7
彼女を見ると、少しイラついてくるんだ。

ネガティブなangryのクッションとして機能するa little bit。

Let's talk just a little more. Ⓢ 5-7
もう少しだけ話そう。

a little moreで「もう少し」。やはりjustと組み合わせてよく使われます。

Why don't we take it just a little bit at a time? Ⓕ 7-23
ちょっとずつ前に進んでいくのはどうかな？

結婚を恐れるチャンドラーへのアドバイス。little bit at a timeで「少しづつ」。

1秒 英作文　「もうちょっとだけ、お願い」　⇨答えは次のページ

副詞 5位

too

求めてるものから、遠すぎるのがtoo。

連結ランキング

順位	連結	意味	回数
1位	too much	やりすぎ、過剰	177回
2位	too late	遅すぎる	84回
3位	too bad	残念な、気の毒な	65回
4	too many	多すぎる	52
5	too soon	早すぎる	41
6	too fast	速すぎる	36
7	too hard	難しすぎる	36
8	too long	長すぎる	33
8	too old	年上すぎる	33
10	too far	遠すぎる	27

今回は、まず連結ランキングから見てみましょう。

1位で使われているtoo muchのように、**【やりすぎ、いきすぎ】**を表現する場合にtooが使われることが多いです。

You watch too much TV（テレビ見すぎやん）、**I've already said too much**（言いすぎたわ）。このように、相手に向けて言うときは、基本的にダメだと相手をディスる（非難する）表現になります。

さらに、ランキングを見ていておもしろかったのが、2位のtoo late（遅すぎる）、5位のtoo soon（早すぎる）。…早すぎてもダメ、遅すぎてもダメ。

「おまえは告白するタイミングが悪い！　それはタイミング問題や！」

と昔、親友が叱ってくれたのですが…要するに、全てのことにはジャストタイ

⇨ 前ページの回答例　It's just a little bit more, please.

ミング、ジャストサイズがあるということです。
わかりやすいように、図で考えてみましょう。

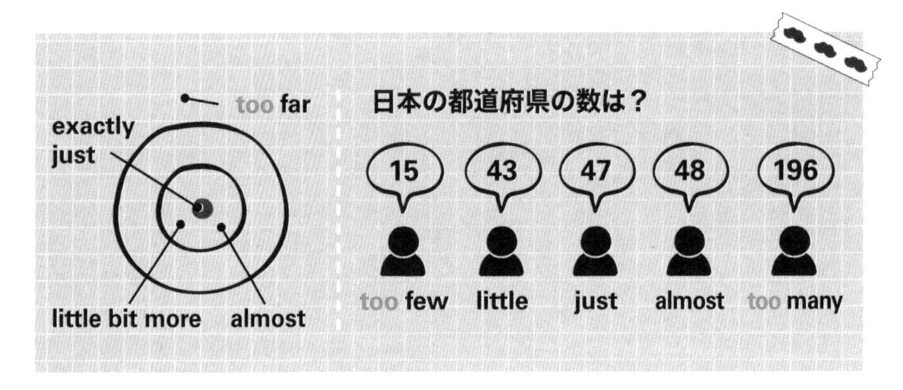

justやexactlyが中心にあって、ここが気持ちいい、しっくりくるポイントです。そのまわりにalmostがあって、この範囲であれば、little bitが通じるのでご機嫌ですが……justから離れれば離れるほど、Too much!、Too late! と機嫌が悪くなって人は叫び出すのです。実際に、too clever、too smartも「頭よすぎるわ」と皮肉っぽく使われることが多いです。

もう1つ会話で使えるのがポジティブなtoo（〜も）です。

I play the piano too（私もピアノ弾いてる）とか、Me too（俺もやで）といった使い方が想像つくとは思いますが…特に会話で使われるのが、**【You too】**。

スタバの店員さんや、友達とのバイバイでは、Have a good day!（よい1日を！）というあいさつをされるのがお約束なのですが、その切り返しに使えるフレーズがYou too（あなたもね）です。

簡単に気持ちを伝えられるので、ぜひお店で使ってみてください！

海外ドラマではこう使われる！

TRACK 78

We drank too much. Ⓕ 7-16
飲みすぎたわね。

これも、too muchを使えば簡単に言えます。

I hope I'm not too late! Ⓗ 5-3
間に合いますように！

遅れそうなとき、まだ間に合うことを願うセリフ。よくわからないことへの希望はI hopeが使えます。

1秒 英作文 「遅すぎるよ！」 ⇨ 答えは次のページ

連結ランキング

順位	連結	意味	回数
1位	even if	たとえ～だとしても	123回
2位	even know	(not even knowで)～さえ知らない（not ～が84回）	104回
3位	even though	たしかに～ではあるけれど	76回

even =「さえ」と覚えてるかもしれませんが、実はevenは**【常識を超えていくときに使える】**とてもドラマチックな副詞です。

たとえば、好きな人がいる、でもその人には彼がいそう。

If she has a boyfriend, I will give up.（もし彼氏いるならあきらめよう）…これが普通のセリフ。一方、「彼氏おっても関係ない！　絶対にあきらめんぞ！」という場合は**Even if she has a boyfriend, I will not give up**（彼氏いたとしてもあきらめない）、**even if**が使われます。

「もし～であったとしても、そんなの関係ない！」、**つまり【常識的から外れている】というのがevenの本質**なんです。

また、ifは仮の条件ですが、3位の**even though**は、Even though she has a boyfriend, I will not give up（彼氏おるけど、俺はあきらめない）というように、事実として判明した場合に使えます。

even if、even though共に、**常識を超えていく強さを表現できる**かっこいい言葉であり、洋楽の歌詞にもたびたび登場します。

▶ 海外ドラマではこう使われる！

TRACK 79

I don't even know how you met. Ⓗ 2-3

二人がどうやって知り合ったのかさえ僕は知らないし。

勝手に離婚してた両親を非難するテッドの言葉。「両親の出会いを知ってるのが常識」という気持ちを出せます。

Even if we're not married, this baby will be so loved. Ⓕ 8-10

たとえ僕らが結婚してなかったとしても、この子は愛される。

結婚してようがしてなかろうが、「結婚に左右されない」という強い気持ち。

⇨ 前ページの回答例 It's too late!

そのほか
重要
副詞

予想外

still

**普通を超えて、
なお続いている。**

連結ランキング

順位	連結	意味	回数
1位	still have	いまだに持っている	119回
2位	still in	いまだに～の中	75回
3位	still be	いまだに～の状態である	50回

先ほどのevenは「常識はずれ」が本質でしたが…stillもevenと似ており、**【普通を超えて】何かが継続している**、これがstillの正体です。

1位のstill haveは、**We leave tomorrow, and you still have a lot to pack**（明日出発するのに、まだ詰められてない荷物がたくさんある）。**つまり、普通はもう準備できていてよい**のに……と相手を責める言い方です。

他にも、**I hope we can still be friends**だと、普通はもう友達には戻れないだろうから、まだ友達であることを願っているというシーンだし、**Because I'm still in love with you!**だと、あなたへの想いは冷めてるのが普通なんだろうけど、まだ気持ちが続いているということ。

特に恋愛関係で、まだ気持ちは残っているのかな？というシーンでよくstill が使われてました。予想できない普通じゃないことが起こるからこそ、言葉が生まれてくる。stillやevenは「心の動き」のある主観的な単語なのです。

海外ドラマではこう使われる!

TRACK 80

Because your ex-boyfriend is still in love with you. Ⓕ 10-6
なぜなら元カレはいまだに君のことが好きだからだ。

彼女に対するロスのセリフ。「好きじゃないのが普通」という気持ちのstillです。in love withもぜひ復習を（p.56）。

You still haven't told that girl she doesn't have a job yet? Ⓕ 1-16
彼女がクビであることをまだ伝えてないの!?

「伝えるのが普通でしょ！」という気持ちのstillです。「もう仕事を持っていない＝クビ」という、なるほどの表現。

1秒 英作文　「たとえあなたが間違っているとしても、私は信じる」　⇨答えは次のページ

そのほか
重要
動詞
3
位

中心

totally

カジュアルに使える楽しい副詞。

連結ランキング

1位	**totally different** 全然ちがう	23回
2位	**totally understand** 完ぺきにわかる	21回
3位	**totally cool** 超カッコいい	12回

日本語でもトータルって言いますよね？
「総合的に」と科学的で知性あふれる感覚で使うのかなと思いきや、
She's totally hot（彼女めっちゃイケてる）、**You totally suck**（おまえほんまひどい）、**We're totally crazy**（俺らまじ狂ってる）のように、超軽いノリで使われます（笑）。日本語で言うところの、**「マジで、めっちゃ、チョー」**みたいにtotallyを言っておけば、**語感的にも意味的にも強調される**、とてもカジュアルな言葉です。
ランキング１位の**totally different**（全然ちゃうわ！）、２位の**totally understand**（完ぺきにわかる！）のように形容詞や動詞の前に使えるのはもちろん、Do you wanna come to the party?（パーティーこない？）―Totally!（もちろん！）のように、Yesの代わりに単独でもよく使います。

海外ドラマではこう使われる!

TRACK 81

Can I call you tomorrow? ― Totally. Ⓗ 1-18
明日電話してもいい？　――もちろんよ。

Can I ～？（～していい？）に対するtotally。友達に使ってみてください。

That was totally different. Ⓕ 7-6
それはほんまに違うんだって。

「デブと呼んだよね？」に対するチャンドラーのセリフ。「ちゃうねん！」と誤解を解きたい気持ちです。

She's smart. She's hot. She's totally cool.
― Oh, she sounds great! Ⓗ 1-19
彼女はかしこい。彼女はセクシー。彼女はマジでいけてる。――おお！　いいね。

「人をほめる形容詞」を一瞬で学べるすばらしいセリフです。

⇨前ページの回答例 Even if you are wrong, I believe you.

already

「まだでしょ？」
からの…「すでに！」

連結ランキング

順位	連結	意味	回数
1位	already have	すでに持ってる	34回
2位	already know	すでに知ってる	19回
3位	already had	すでに持ってた	19回

学校では現在完了形でI have already finished my homework.（私はすでに宿題を終えました）と、まるでhaveとalreadyがバーガーとポテトのセットかのように学びますが、なんと、**ドラマの90%以上はhaveとセットで使われていないのです！**

I already e-mailed her（彼女にすでにメールしたよ）のように過去形や、
I already have that（すでに持ってるよ）のように現在形がよく使われます。
…というか、そもそもI have already finished って、I have finishedが「すでに終えてる」の意味なので、**alreadyをつけなくても意味が伝わるのです。**
じゃあalreadyとは一体何なのか？
I already e-mailed herというのは**【相手がまだメールもらっていないと思っているとき】**、**I already have that**というのは**【相手が私がまだ持ってないと思っているとき】**。つまり、あえてalreadyで言うときは、まだそれが起こっていないと誤解している相手に対してなのです。
相手にとっての常識を打ち破る言葉、それがalreadyです。

▶ 海外ドラマではこう使われる！

TRACK 82

Wait, you already know. Ⓗ 9-19
待って、すでに知ってるよね。

シカゴに旅立つことがばれて、実はみんな知っているのではと確認するテッド。

Do you wanna go see a movie tonight?
— We can't. We already have plans. Ⓕ 5-17
今夜映画見に行かない？　—ごめんなさい。すでに予定があるの。

誘いを断るときは、already have plansが使えます。

秒 英作文　「俺たちは、マジでヤバい」

⇨ 答えは次のページ

そのほか
重要
動詞
5
位

中心

exactly

ぴったり！
客観的正しさを言える。

連結ランキング

順位	連結	意味	回数
1位	exactly what + 文	まさに〜なこと	90回
2位	exactly like	まさに〜みたいな	27回
3位	exactly how + 文	まさに〜な方法	24回

exactlyはjustにも似ていますが、**【正確に】**というニュアンスがぴったり。This is just 100 yenだと「たったの100円」という主観的な解釈になりますが、This is exactly 100 yenだと、「ぴったり100円」…正確に100円であるという客観的なニュアンスを出せます。

また、5W1Hと連結することが多く、**【認識フィルター＋exactly＋5W1H】**のパターンのセリフがドラマで多く使われています。

Tell me exactly how it happened.（どのように起こったか正確に教えて）

I know exactly where she is.（彼女がどこにいるか正確に知っている）

…このように、正確な方法、場所について情報交換するイメージ。

さらに、Are you Oshima-san?（大嶋さんですよね？）―Exactly.（そうです）のように、相手が予想して何かを聞いてきたときに「そのとおり！」「正解！」と答えるときにもexactlyが言えます。

予測と現実がピタッとはまり、とても気持ちのよい響きがする副詞、それがexactlyです。

海外ドラマではこう使われる！

TRACK 83

Oh, you want me to be your backup.
— Exactly! Ⓕ 6-24

ああ、僕をバックアップにしたいってこと。――そういうことよ。

「40歳まで独身だったら結婚しよう」と持ちかけるレイチェルとロスのシーン。

That is exactly what I want right now. Ⓗ 1-18

それがまさに今僕が欲しいものなんだ。

I want it.ではなくThat's exactly what ～.を使うことで、「いくつもの選択肢があるけどそれなんだ！」という気持ちを出せます。

⇨ 前ページの回答例 We're totally crazy.

COLUMN

10大lyを使えば、もっと気持ちが伝わる!

ランキングの副詞は全て重要なのですが…特に会話で口癖のように使えるようになりたいのが、**最後に「ly」のつく副詞**です。3大ドラマでよく使われるランキングベスト10がこちらです!

順位	副詞	意味	回数
1	**really**	本当に	4525
2	**actually**	実際に	1115
3	**totally**	すごく、まったく	713
4	**probably**	おそらく	522
5	**exactly**	たしかに、そのとおり	514
6	**finally**	最終的に、とうとう	374
7	**seriously**	まじめに	355
8	**absolutely**	絶対的に	246
9	**definitely**	明確に、確実に	203
10	**apparently**	どうやら、明白に	161

すでに紹介した、really、actually、totally、exactlyに加えて6つのlyを合わせて、**「10大ly」**と僕が勝手に名付けました。
これらの副詞は、自分の心が動いたときに、自分の気持ちをたった1つの単語に込めることができます。副詞なので、文頭でも文中でも文末でも好きなところに入れられますが、たとえば、文頭に入れると…

Probably, you can speak English(たぶん、あなたは英語が話せる)
Apparently, you can speak English(どうやら、あなたは英語が話せる)
Definitely, you can speak English(確実に、あなたは英語が話せる)
Absolutely, you can speak English(絶対に、あなたは英語が話せる)
Seriously, you can speak English(真剣に言うけど、あなたは英語が話せる)
Finally, you can speak English(最終的に、あなたは英語が話せる)

…微妙にニュアンスが違いますが、それぞれ**数値にはできない主観的な気持ち**を入れられます。「主観」なので、特に助動詞と相性がよいですが、助動詞よりもスパイシーでインパクトのある響きがします。この10個をいつでも口から出るようにしておくだけで、簡単に気持ちの伝わる会話ができます。これまで学んできた動詞、前置詞、助動詞、形容詞に、最後に味を整える感覚でセリフを美味しく仕上げてみてください!

おわりに

最後まで、読んでいただきありがとうございました。

「やさしい基本単語だけを使って、こんなにいろいろ言えるのか!!?」

…と驚かれたのではないでしょうか。

海外ドラマというと…おしゃれな言い回しのセリフ、スラングなどをイメージされるかもですが、本書で紹介したのは、中学校で習う基本単語で作られた**「ごく普通のセリフ」**ばかり。

しかし、これこそがネイティブの英会話なのです。

基本単語は、料理で言うなら米、ファッションで言うなら白シャツ。

はっきりとした個性がないからこそ……

【いろいろな場面で使える可能性がある】ということ。

だから、少ない単語で会話可能であり、組み合わせ次第で意味が無限大に広がっていくのです。

アメリカでこの事実に気づいてからは、基本単語にとことん着目し、長年にわたって海外ドラマのセリフを研究し続けてきました。

すると、日常会話に頻出の「メジャー単語」があるように、王道の組み合わせ、**【メジャー連結】**があることがわかってきたのです。

そこで、「基本単語だけで美味しいセリフが作れるレシピ」のような本が作れないかと思い、ネイティブがよく使う【単語の組み合わせ】を分析し、その調理法をランキング化したのが本書です。

特に、映画やドラマでよく見るけど意外に難しい、**句動詞**、**複文**、**助動詞**への理解が深まるように構成しました。

最近は、動画配信サービスを使えば【英語字幕＋英語音声】でたくさんの映画や海外ドラマを楽しむことができます。

また、オンライン英会話サービスを使えば、日本にいながら気軽にネイティブと英会話ができる時代になってきました。

- **基本単語を使って、今日の出来事を英語で言ってみたり…**
- **連結ランキングを見ながら英文を組み立ててみたり…**
- **海外ドラマのフレーズをそのままネイティブに話してみたり…**

あなたのレベルに合わせて楽しみながら、本書を役立ててもらえると嬉しいです！

そして最後まで読んでいただいたあなたにチャレンジしてもらいたいことがあります。1話だけでよいので…

【海外ドラマを英語字幕で見てみてください】

きっと、魔法が起こりますよ～！

ブログ、メルマガ、本書の読者と友人、家族に感謝を込めて。

Thank you very much!!

Cozy

著者 Cozy（コージー）

1982年、奈良県生まれ。
大学院（博士）を修了後、アメリカで医学系研究員として2年間勤務。
アメリカでの英語出来なさすぎ、苦しすぎ体験をきっかけに2012年にブログを開設。
帰国後も研究者として働く一方、海外ドラマや映画を使った「わかりやすくて楽しい英語学習方法」をブログ、メルマガで発信し続ける。2017年、ブログの内容をまとめた『海外ドラマはたった350の単語でできている』（西東社）を出版し、Amazon Kindleランキング第1位を獲得、韓国で翻訳出版されるなど、好評を得ている。

ブログ
「アホみたいに楽しく★100%英会話を身につける方法」
https://ameblo.jp/sinefungin/

イラスト	前田はんきち、maruse
ナレーション	Anya Floris、Peter Gomm
音源制作	ユニバ合同会社
デザイン	八木孝枝
DTP	株式会社 センターメディア
編集協力	株式会社 一校舎

※本書は、当社刊『100語で伝わる 魔法の英単語ランキング』（2019年10月発行）を再編集し、音声データを付け、書名を変更したものです。

海外ドラマのベスト100英単語でどんどん話せる！

2023年9月20日発行　第1版

著　者　Cozy
発行者　若松和紀
発行所　株式会社 西東社
〒113-0034　東京都文京区湯島2-3-13
https://www.seitosha.co.jp/
電話　03-5800-3120（代）
※本書に記載のない内容のご質問や著者等の連絡先につきましては、お答えできかねます。

落丁・乱丁本は、小社「営業」宛にご送付ください。送料小社負担にてお取り替えいたします。
本書の内容の一部あるいは全部を無断で複製（コピー・データファイル化すること）、転載（ウェブサイト・ブログ等の電子メディアも含む）することは、法律で認められた場合を除き、著作者及び出版社の権利を侵害することになります。代行業者等の第三者に依頼して本書を電子データ化することも認められておりません。

ISBN 978-4-7916-3303-6